新富裕層のための
本質的不動産投資

杉山浩一
Sugiyama
Koichi

はじめに

不動産投資の「本質」とは?

皆さま、はじめまして。杉山浩一と申します。

株式会社プラン・ドゥの代表として、バブル期に建てられた資産性と収益性のバランスの良い物件を通じて、「新富裕層」の皆さまの資産形成のお手伝いをしています。

いきなりの質問で恐縮ですが、不動産投資の「本質」とは何でしょうか?

既に不動産投資のご経験があったり興味をお持ちだったりする方の中には、「節税」や「転売益」等のイメージが最初に思い浮かんだかもしれません。

私なりの答えをお伝えする前に、少し回り道にはなりますが、本書を執筆するに至った動機について、ご説明したいと思います。

今から遡ること3年前。時代はまだ出口の見えないコロナ禍の最中に、前著『新富裕層のための戦略的不動産投資』(幻冬舎)を上梓しました。

本書のタイトルにも含まれている「新富裕層」とは耳慣れない言葉かもしれませんが、私たちが日々の仕事を通じて物件を買っていただきたい方々を、同書の中でそのように呼ばせていただきました。先祖代々の土地や会社等を受け継いできた方ではなく、外資系企業やＩＴ企業等でキャリアを積み重ねてきた年収３０００万円以上の方々、さらに踏み込んで言うならば、一棟３億円以上のマンションを購入できる方々のことです。

富裕層という言葉に批判的な印象を持たれる方もいらっしゃるかもしれませんが、私が今までお付き合いしてきたかぎり、まるで『ドラえもん』に登場する出木杉君がそのまま大人になったような、真面目で努力家、もちろん人間的にも素晴らしい方々ばかりです。社会への貢献心、成長意欲が軸となり、仕事や勉強に打ち込んでこられ、その結果として、今の地位を獲得されてきました。

だからこそ、投資といっても、短絡的に、お金儲けができればいい、という考え方ではありません。

これまで築いてきた金融資産や高い信用力を「有効に活用する」というのはどのようなことなのか？　何に使い、どう増やし、どう家族に残していくのか？

私は、日々、新富裕層の方々とお話しさせていただく中で、そんなモヤモヤした思いを抱く方が実は多いのではないかと感じています。

こうしたモヤモヤに対するヒントが、本書の中に書いてあります。

約35年にわたって不動産の現場に関わり、1万件以上の物件と向き合ってきた経験から私なりに見いだした不動産投資の「本質」を、この本を通じて、ぜひとも新富裕層の皆さまにお届けしたい。そんな想いで、本書を執筆しました。

日本では、少子高齢化や空き家問題が叫ばれて久しい状況です。

日本全体で空き家は1000万戸にも達しようかという勢いです。

しかし、一方で、東京の新築分譲マンションはどんどん値上がりし、今や平均価格は1億円をはるかに超えています。

価格が上がっている東京では空き家は少なく、空き家が多い地方では価格が下がっている、というのなら納得もできますが、現実は、空き家は東京都世田谷区が一番多いのです。

価格は、需要と供給のバランスで決まるはずですが、家が余っていながら価格が上がるという現象が、日本の不動産業界では起きています。

それはなぜでしょうか？

日本国民が無意識にそう選択しているのか、日本国政府の思惑なのか、またはマスコミがそう誘導しているのかは不明ですが、この現象は、空き家（中古住宅）が、在庫として機能していないことを意味しているのではないかと考えています。

具体的に言うと、不動産の世界は、高額であるがゆえに、融資を用いて購入するケースが多いため、融資のつきにくい中古物件は需要の対象から外れる、つまり「在庫」として機能しないことが大きな要因になっているのではないかということです。

この背景には、耐久性の面では問題のない鉄筋コンクリート造のマンションであっても、築47年までしか融資期間を設定しないという金融機関のルールがあります。少し前置きが長くなりましたが、この融資期間の問題について前著で詳しく問題提起させていただき、だからこそ、「物件の担保力」ではなく「個人の与信力」で有利な融資条件を引き出せる新富裕層の方々には、大きな「投資チャンス」があることをご説明させていただきました。

発行から3年、前著に賛同していただいた多くの新富裕層の方々に「中古・郊外・ＲＣ

一棟マンション」をご購入いただいてきました。今の時代に即したリノベーションを経て、しっかりと維持・管理することで、ご購入後もご満足いただいていると自負しています。

一方で、前著では、金融をはじめとした投資的側面の戦略やエビデンスが中心となってしまったために、不動産（土地・建物）の本質的な考え方を伝えきれなかった、との想いが時の経過とともに募っていました。

不動産投資の「本質」は、私たちが、日々、新富裕層の皆さまに、投資用賃貸マンションを提供させていただく中でも、とても大切にしていることですので、どうしてもお伝えしなければならないと、いてもたってもいられなくなり、執筆を決意した次第です。

前著をお読みいただいた方は、ぜひとも本書をご一読いただいた後に、もう一度前著に目を通していただきたいと思います。本書からの出会いの方は、ご一読いただいた後で、前著もぜひ手に取っていただければ幸いです。

不動産投資の本質と、それを実現する具体的な戦略。

この不可欠な両輪をお伝えできたらと考えています。

「流行」と「本質」

ここからは少し、不動産投資の歴史を振り返ってみたいと思います。なかにはご存じの話題もあるかと思いますが、お付き合いいただければ幸いです。

不動産には相場があります。

端的に言うと、世の中の景気が良ければ土地の値段は上昇し、反対に悪くなると価格は下落します。今にして振り返れば、それは当たり前のことに思えます。

しかし、今からわずか35年前、いわゆる「バブル景気」の時代までは、土地の価格は右肩上がりを続け、決して下がらない。そんな「土地神話」が、あたかも常識のように信じられていました。

事実としては、「それまでは、統計的には下がっていなかった」だけのことなのですが。

にもかかわらず、バブル期には建築中、場合によっては着工前にマンションを購入し、完成間際に転売して手付金だけで数千万円もの転売益を得るという荒業が行われました。この手法は「青田買い」と呼ばれ、当時は流行っていました。

人気のマンションが先着順で販売されるケースでは、モデルルームの前に何日も前から並ぶ人が現れたりもしました。また、抽選で購入者を決定するケースでは、「抽選方法に不正があるのではないか」との抗議が殺到することもありました。

このような「青田買い」の過熱ぶりこそが、バブル経済が「バブル」であった事実を象徴していたように思います。

このように、バブル期の不動産投資の目的は転売益を得ることでした。

それを業界用語では「サヤ取り」などと呼んだりもしましたが、一般の皆さまには、「土地転がし」といった表現の方が馴染み深いかもしれません。

今や「土地神話」はすっかり過去のものになっています。

バブル経済が崩壊して以降の日本では、リーマン・ショックなども含めて、土地の価格が大きく下落する局面が何度かありました。

詳しくは本文で紹介しますが、バブル崩壊後のファンドバブル期には、単純な転売益を目的としない収益還元法を用いたＤＣＦ法（ディスカウントキャッシュフロー法）による投資が流行しましたが、これもリーマン・ショックとともにファンドや新興ディベロッパーが大きな痛手を受けて、その多くが倒産する憂き目に遭っています。

昨今の不動産市況はというと、この10年ほどは、不動産の価格は上昇し続けています。先ほども少し触れましたが、東京都内の新築分譲マンションは、平均価格が1億円を超えるまでになっています。

こうした状況を受けて、令和版の「青田買い」が散見されるようになりました。不動産のプロではない一般の会社員の方々が「転売益」を目的として、建築中、もしくは着工前のマンションを購入し、完成間際に転売。数千万円の転売益を得るような事例を聞くと、三十数年前のデジャヴ（既視感）を感じます。

このように見てくれば既にお分かりのように、「不動産を用いた稼ぎ方」は時代や局面に応じて変化しており、流行があるように思われます。

富裕層にとっての昨今の流行は「節税」です。富裕層以外にとっては小口化（証券化）

された商品やスマホで行う不動産投資が人気の対象になっています。
たしかに、こうした波に乗るのも1つの方法ですが、私は、流行だけを見て判断してしまうことには警鐘を鳴らしたいと考えています
不動産の「本質」を知ったうえで、判断をしていかないと、時代の変化に取り残され痛手を負ってしまったり、「かぼちゃの馬車」事件のような詐欺まがいの被害に遭ってしまったりすることにもなりかねないからです。

では、不動産投資の本質とは何か？

それは、一言で言ってしまえば、「不動産を通じて、関わる人、そして社会全体に価値を提供すること」だと考えています。家賃収入や、節税などのリターンは、その結果として生じるものだと思っています。

当たり前のことのように思われるかもしれませんが、これまで35年間の不動産の現場経験から、私はこの本質をしっかりと認識したうえで、不動産を見極め、活用していくことが何より大切だと考えています。

具体的にはどういうことなのか？　なぜそう言えるのか？
これらの点について、本章の中で詳しく述べていきます。

「バブル期ＲＣ」「環八×国道16号」「新富裕層」とは

私たちが扱っている物件について、「中古・郊外・ＲＣの一棟マンション」という言葉が本書の中でも何度も出てくるかと思います。前著をまだお読みでない方のために、少しだけここでお伝えしておくことにします。

私たちが扱っている投資用不動産は、「バブル期に、環状八号線と国道16号に挟まれたエリアに建てられたＲＣ造のマンション」であり、私たちがそれらの物件をお届けしたいお客様は「新富裕層」の方々です。

本書の中でも繰り返しお伝えしてまいりますが、バブル期には、「不動産の価値は上がり続ける」という思想や、競争が過熱した建築業界の状況を背景に、非常に品質の高い鉄筋コンクリート造（ＲＣ造）マンションが多く建築されました。そういったポテンシャルが高い物件は、修繕や管理状態によっては、令和の今も高い競争力を誇っています。

「環八と国道16号に挟まれたエリア」とは、具体的に言えば、東京都下の小金井市、武蔵野市、三鷹市、調布市、府中市、西東京市、町田市、八王子市、埼玉県では川口市、戸田市、さいたま市、蕨市、越谷市、千葉県の千葉市、船橋市、柏市、松戸市、浦安市、市川市、最後に神奈川県の川崎市、横浜市、相模原市などが該当します。

このエリアは高度経済成長期に、国の政策の下、ベッドタウンとして開発され、都心に通勤する人々のための公団住宅やマンションが、数多く建てられました。道路や公園、教育施設が整備され、生活利便性の高さは50年前から現在に至るまで、常に群を抜いています。つまり、50年もの間、多くの居住者に選ばれてきたエリアであり、今後も手堅い賃貸需要が見込めると考えられるのが、「環八×国道16号」なのだと言えます。

建築物としては、新耐震基準に則った１００年もつ構造なので、しかもエントランスや外構・共用部もレベルの高い仕様のマンションであり、立地としては、生活利便性・居住性の高い首都圏郊外のマーケット。にもかかわらず、「新築・都心・駅近」が「常識」とされる昨今では、私たちがお勧めする「中古・郊外・ＲＣ一棟」は〝奇をてらったもの〟

〝ウラをかくもの〟と思われるかもしれません。

そう感じて、前著では、投資という側面からこれらの物件の価値について、ロジックとエビデンスを用いて書かせていただきました。

今回は、「不動産の本質とは？」について、できるだけ客観的・長期的・普遍的な側面から、お伝えしたいと考えています。さらには、新富裕層の皆さまにとっての「不動産投資をする意味」についても、当社で大切にしていることを踏まえて書かせていただきました。

新富裕層の皆さまの誇り高き人生にふさわしい不動産経営に、本書が少しでもお役に立てれば幸いです。

杉山浩一

新富裕層のための本質的不動産投資　目次

第3章 建物の価値

第4章 お金の価値

第5章 人生の価値

章末コラム

第1章

投資用不動産の価値

1 不動産投資の本質とは

社会貢献としての不動産投資

この本を手に取ってくださった方の中には、既に投資用の不動産を所有している方、今から不動産投資を検討される方、または過去に投資物件を購入した経験のある方など、それぞれに異なる関心をお持ちの方がいらっしゃるものと拝察します。

そうした関心の違いを承知のうえで、最初の質問をさせていただきます。

皆さまの人生における、投資用不動産の位置づけとはどのようなものでしょうか？

物件を所有する理由は、人それぞれですし、人生における不動産投資の意味も十人十色でしょう。

それでも1つだけ共通して言えることがあるとすれば、それは「不動産というものは所有者の生き方を表したものである」ということだと考えています。

本書を読み進めることで、改めて見つめ直すきっかけとしていただけたら幸いです。

私たちは、経済的には資本主義の社会に生きています。資本主義の本質的なロジックは「社会に貢献した人が収益を上げられる」というものです。商品やサービスの提供とは、社会に対する価値提供に他なりません。売り上げや利益の額は、そうした価値提供の質と量に比例するという原則を私はとても大切にしています。

とはいえ、資本主義には負の側面も存在します。

細かい理屈はさておき､近い歴史の中で資本主義の負の側面が表に出た事例と言えば、バブル経済とその崩壊を挙げることができるでしょう。

「はじめに」でもお伝えした通り、私たちはそんなバブル期に建てられたクオリティの高い建物をリノベーションし、入居者の方に安心・安全・快適な暮らしを提供することを事業の核に据えています。

不動産を通じて、関わる人々が幸せになるお手伝いをさせていただく。
それはまさに「社会貢献につながる事業」だと自負しています。

とはいえ、今の世の中、「不動産投資」という言葉には「節税対策」というキーワードがセット商品のように付きまといます。

もちろん、不動産投資に節税効果があることは否定しません。

後段で詳しくお伝えしますが、相続税評価が時価の8掛けでなされるという現状から、不動産購入と借り入れの組み合わせいかんで、一定の節税効果を望むことができます。

だとしても、節税があまりに前面に出過ぎると、不動産投資が持つ本来の意義や目的を見失うリスクが高まります。目先のお金だけに意識を向けてしまったせいで、真に良質な物件からはかけ離れてしまったというケースを少なからず目にしてきました。

あるいは、子や孫の代に、不動産を通して伝えるメッセージが「私はこれだけの節税に成功した。素晴らしいだろう！」といった自慢話に終始するようでは、せっかく皆さまが築き上げてきたものの価値が矮小化されてしまうことにもなりかねません。

何より、税の仕組みというものは時代と共に変わる運命にあります。ある時代に「結果として節税効果があった」仕組みが、いつの時代も変わることなく、同じ効果を出し続けるとは限りません。だからこそ節税だけを不動産投資の目的に据えるのではなく、より本質的な価値を見いだしていくべきだと思うのです。

その価値こそが、前述した社会に対する価値の提供に他なりません。

やや理想論に聞こえるかもしれませんが、不動産投資による節税効果とは、不動産を通じて多くの人々に幸せを届けるという社会貢献の結果として、手にできるリターンの1つである。端的に言えば、「世の中の役に立つことをしたから、税金が安くなる」。そんな因果関係が成り立つべきだと思うわけです。

さらに、「不動産投資を中長期で考える」という点についても、私たちの特徴としてあらかじめ記載しておきたいと思います。

私たちは、お客様に対して、短いスパンで物件を転売し、利ざや（転売益）を稼ぐということをお勧めしていません。そもそも、短期間で利益を出すのはその道のプロにとっても簡単なことではありません。

ましてや個人ともなれば、非常に困難であると言うべきです。

これらの点を総合して、**新富裕層の方が不動産のオーナーになることの意義の本質は、節税目的でも、転売益を狙うことでもなく、広く社会に貢献することにあるのだと、心から信じてやまないわけです。**


さて、不動産を通じて社会に貢献しつつ、そのリターンとして利益を得ていく、という本質に基づいた不動産投資を実現していくには、本質的に価値のある物件に投資していく必要があります。私たちは、その1つが「中古・郊外・RCの一棟マンション」だと考えています。

不動産投資により広く社会貢献するという目的にとって、なぜ「中古・郊外・RC」が適しているのでしょうか。バブル期に建てられた、環八と国道16号に囲まれたエリアにあるRCマンションが、社会貢献の手段としてふさわしい理由はどこにあるのでしょうか。

詳しい内容は、ぜひ前著をお読みいただけたらと思いますが、本書では3つのポイントについて簡潔にご説明させていただきます。

最初に挙げられるのが、**物件の品質**です。

バブル期に建てられたマンションは一般に、構造や外構、共用部、デザインなど多くの点で品質が高く、適切に管理し続けることで「100年住める」と言って差し支えありません。

2つ目の価値とは**高い賃貸需要**です。

これも「はじめに」でお伝えしたことですが、環八と国道16号に囲まれたエリアには、今もこれからも根強い賃貸需要を見込むことができます。

しかも、コロナ禍が高い需要にさらに拍車をかけました。リモートワークに切り替えるビジネスパーソンが増えたことで、都心への距離があまり問題にならなくなったわけです。毎日出勤する必要がなければ、都心から離れていても、駅近でなくても大きな不便はありません。そこで改めて、「環八×国道16号」エリアが注目を浴びるようになりました。

私たちが管理する物件の平均入居率は、2023年1月～12月のデータでは約98％となっています。購入時より利回りが上がった物件も多く、家賃上昇率の平均は約2％です。2％という数字はそれほど大きくないように感じられるかもしれませんが、単純に考えると、住人が同じ賃料のまま住み続けている部屋が8割の場合、新たな住人が入居した2割の部屋の賃料は10％もアップしている計算になります。

これは、かなりの家賃上昇率だと評価できるのではないでしょうか。

時代背景的に見ても、これまでの30年間、賃貸マンションに住む中低所得者の給料は景気の上下にかかわらず、これ以上は下がりようがないほどの下限状態が続いてきました。家賃は給料の水準に比例するため、この30年間、家賃相場も停滞したままでした。しかし、今後は中低所得者の給料アップが見込まれ、賃料も上向き傾向になる見込みです。

中古物件といえば家賃は下がる一方だと思われがちですが、日本全体としてこのような傾向が見られることを加味すると、もともと需要の高い「環八×国道16号」エリアでは、これまで以上の家賃設定でも十分に需要があると考えることができます。

3つ目の価値は、**融資条件が悪いという**「**メリット**」です。

これは新富裕層の方にはぜひともご理解いただきたい点なのですが、金融機関が示す、いわゆる「47年縛り」の問題と深く結びついています。

金融機関は、「鉄筋コンクリート造の建物は法定耐用年数の47年間で減価償却される」との考え方に基づき、融資の額に対する返済期間の限度を、「47年に対する残存期間」を基準に定めています。つまり、新築物件であれば返済期間は最大47年。築30年の物件の場合であれば、残り17年間で全額を返済しなければならないというわけです。

これは国が指導しているわけではなく、あくまでも金融機関が定めた基準です。

返済期間が長ければ月々の返済額は少額で済むため、家賃収入による返済が可能です。しかし、返済期間が短い場合には、仮に家賃収入がきちんと入ってきたとしても、毎月の返済額には追いつきません。不足分はオーナーが持ち出す以外に方法はなく、当然ながらキャッシュフローは悪化することになります。

万が一、オーナー側がそれでよくても、金融機関は返済原資としてリスクありと評価します。ここから「築古物件は融資を受けにくい」という業界の常識が生み出されたとも言えます。

しかし、状況は少しずつ変わってきています。

一部の金融機関が法定耐用年数ではなく「経済耐用年数」という考え方を採用し始め、融資先に与信力がある場合は「47年縛り」にとらわれないケースが出てきています。

こうした変化は今後さらに加速するだろうと、私自身は予想しています。そうなれば、十分な与信力を持つ新富裕層にとっては明らかにアドバンテージであると言えます。

2 資産性と収益性のバランス

ここでは、投資物件全体における「中古・郊外・ＲＣ」の位置づけを明らかにします。その際に重要になってくるのが、収益性と資産性によるマトリクスです（図１）。縦軸は収益性、横軸は資産性の高低を表していますが、売買価格との相対的な比較としての、評価と考えていただけたらと思います。

「資産性が高い」とは、言い換えれば、金融機関による担保評価が高いということです。こ

図1　中古・郊外・RCの一棟マンションのポジショニング

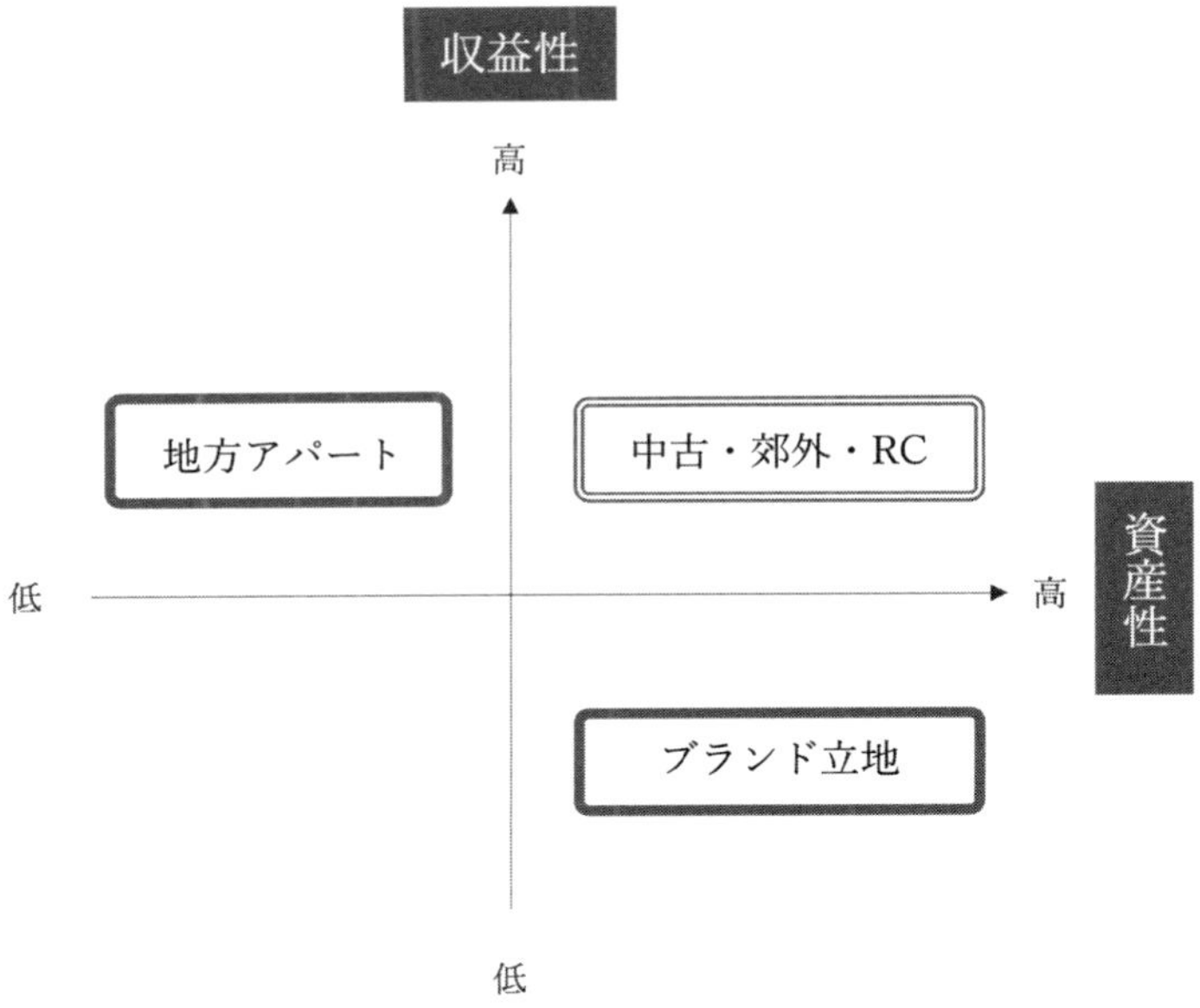

うした物件は売却時に買い手を見つけやすいだけでなく、その優れた担保力を活かして次の物件が購入しやすいというメリットをもたらしてくれます。

次いで、収益性が高いとは購入価格に比して家賃収入の割合（利回り）が高いことであり、地方アパートはこの傾向が高いのですが、真の収益性は中・長期の一定期間における収支の差額で判断すべきものであり、家賃の変動や入居率を加味した実質的な収入、そして修繕費用や入居時コスト（広告費や手数料）を総合的に鑑みることが重要です。

見ていただいてお分かりの通り、私たちが提供する「中古・郊外・ＲＣ」は、収益性と資産性のバランスが取れた右上のエリアに位置しています。

ここで収益性、資産性それぞれの軸において、私たちと反対に位置しているものにも注目してください。それにより「中古・郊外・ＲＣ」の位置づけ価値がより際立ってきます。

まず、収益性の軸で反対に位置しているのは「ブランド立地」にある物件です。

ブランド立地について説明するには、「美人投票」という経済用語がしっくりきます。この言葉は、本来は「最も美しいと思う女性」に投票するのではなく、「他の投票者の好みに最も合致すると思う女性」に投票するコンテストで用いられていました。

そこから転じて、株式投資などの場面でも、誰もが「値上がりするだろう」と判断する銘柄を選ぶことが有効だという意味で使われるようになりました。

そもそも、ブランド立地とはいえ、土地自体に何らかのコストがかかっているわけではありません。誰もが「ここは将来的にも値下がりしないだろう」と信じている土地は高く、誰もが「こんなところはいらない」と思えば安くなります。

ブランド立地においては、物件が高額であればあるほど購入時の支出が増加し、家賃収入との比率において利回りが低くなります。つまり、「将来的に値下がりするリスクは低く換金性も高いので、安定性は高い反面、保有している間の高いランニング収益は期待できない」という物件になるわけです。

次に、資産性の軸において反対に位置するものとして、地方都市など、人口が減少していく日本の中で、将来的な需要に対するリスクが高い立地がまずは思い浮かぶかと思います。その他にも、相続税という観点から、保有資産を評価したとき、相続税評価の低い物件、すなわち「節税」目的の物件という見方もできるかと思います。

相続税対策として、相続資産の評価総額を小さくしようとすると、時価と相続税評価との乖離の大きな物件を探すことになり、本質的な価値とはズレた方向へと進んでいきやすい傾向があります。

少し脱線しますが、いわゆる節税対策として世間で流行しているものとしては、次の3つの方法を挙げることができます。

①相続税対策として、相続税評価の低い物件を狙う（路線価の狭間物やタワマン上層階）。ただ、この方法には法改正リスクが伴います。抜け穴を狙っているのだから、公平・公正を旨とした税の観点からすればそれは当たり前だと言えます。

②資産性の高い土地で償却効果を獲得するために、建物対価（建築費）の大きな新築ワンルームを狙う。

③高い利回りと償却効果を得るために、地方の中古木造アパートを狙う。

節税や転売益は、あくまでも不動産投資の本質的な意味、価値を実現した結果としての「効果」であると捉え、「良い物件を長く所有することで住民の幸福を実現しながら、安定した資産価値と着実な賃料収益の両立を図ること」が新富裕層にとって大事なことと考えています。

税金もコストと考えるのは、人件費をコストと考える外資系企業にとっては納得のいく考え方かもしれません。しかし、「従業員は資産」と考える日本人のメンタリティにとって、税金はビジネス環境を整えてくれた社会に対する「配当」として、収益の中から当然に支払うものと考えることが、特に新富裕層の方々にはふさわしいのではないか、と思うのです。

収益性と資産性をいかに両立するのか

ここまでお話ししてきたことを、別の形で表したものが次ページの図2です。

先ほどもお伝えしたように、ブランド立地の物件には高い資産性がありますが、その分、十分なランニング収益は期待できません。その一方で、地方都市の木造アパートは、購入価格に対する賃料の収益性（利回り）は高くても、建物の質や耐久性、将来的な値下がりリスクなどの観点から資産性が低いと言わざるを得ません。

つまり、収益性と資産性とは相反する指標であり、すべての投資物件は理論上、図2のグラフにおいて、直線上に分布されることになります。

図2　収益性と資産性のグラフ

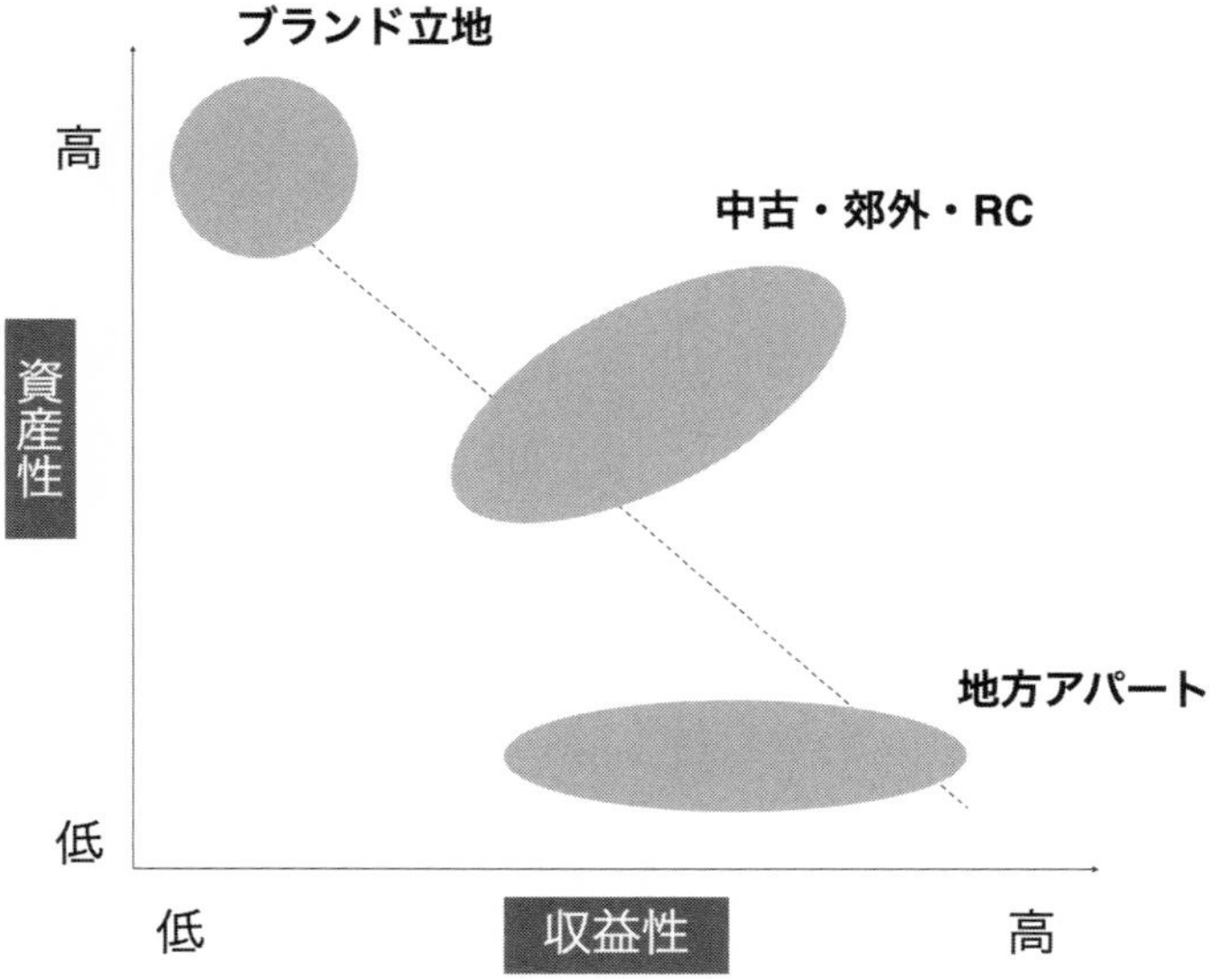

そして、グラフ上のどこに位置する物件を選ぶのかは、不動産投資に求めるもの次第。その人がどのような哲学を持っているかによって異なります。

私たちがお勧めする「中古・郊外・RC」の物件は、図2のグラフのちょうど真ん中に位置しています。

「一定レベルの利回りを出しつつ、将来的に値下がりするリスクも高くない」という資産性と収益性の双方のバランスの中央に位置しています。

さらに「中古・郊外・RCの一棟マンション」は、「買いにくいためにリーズナブルである」との特徴があります。

その理由は先ほどもお伝えした通り、バブル期の物件は融資を受けるのが難しいからです。高い与信力を持つ新富裕層こそが、資産性と収益性のバランスの直線を越えたメリットを享受できる数少ないプレーヤーなのです。

耐用年数とは

「耐用年数とは?」を検索すると、

固定資産を、通常の用途・用法に沿って使用した場合に、本来期待する役割を果たすと見なされる期間のこと。通常、取得した固定資産は時間の経過とともに、その価値が失われ、最後には価値が喪失する。このように、時間の経過によって価値が減少する固定資産のことを減価償却資産という。

とあります。

余談になりますが、大正時代の鉄筋コンクリート造建物の法定耐用年数は何と100年でした。それが少しずつ短くなり、直近の平成10年には60年から47年にまで短縮されました。もちろんこれは大正時代よりも耐久性の低い建物になったわけではなく、投資を促進するための「税制」としての短縮なわけです。それを金融機関が、いわば流用してあたかも47年後には価値がなくなるかのような融資期間の制限になってしまっているのですが、このことがあまり問題視されていないのは、47年に対する残りの期間が5年になれば、「あと5年しかもたないということはあり得ないだろう」と誰もが気付くものですが、バブル期物件でも残り期間がまだ10年以上あるため、47年経過時のリアリティがないのです。

巷でよく知られる減価償却期間として、自動車の「7年」というものがあります。

しかし現実には、7年落ちのレクサスは高値で取引されています。さらに、航空機やヘリコプターの償却期間は「5年~10年」ですが、私たちが利用する飛行機のなかには、30年経過しているものも少なくありません。つまり、減価償却としての耐用年数は経済政策のための期間であり、現実的に使用・収益できる期間ではないのです。むしろ、投資を促進するために短く設定しているものが、金融機関の融資期間に使われてしまっていることで、ＳＤＧｓや中古流通といった課題に対しては、逆効果を生み出しているとも言えるでしょう。

バブル期に建てられた「中古・郊外・ＲＣ一棟マンション」の物件のほとんどは、「47年」という縛りから見ると、耐用年数の残存期間が非常に短いことになります。本質的な価値を理解しないままだと、明らかに敬遠してしまうような物件です。

しかし、金融機関による「47年縛り」が解消し、法定耐用年数と実質的な耐用年数との乖離を多くの人が認識するようになれば、「中古・郊外・ＲＣ」という物件の価値が改めて認められることになると考えています。

世間のイメージや金融機関の考え方の一方、現実には、バブル期の郊外物件は着実に価値を認める方が増えてきています。

「築古」物件がむしろ値上がりする背景には意識の高い方々の認識の変化があると考えています。

エビデンスをもとにロジックを活用し、長期的に運用するメリットを理解した投資家やプレーヤーが確実に増えているのです。これを「逆張りをしている」と揶揄する向きもあるかもしれませんが、バブル期の「中古・郊外・RC一棟マンション」の高い品質に鑑みれば、こちらの方が「表」なのだと考えています。

長もちする良質な商品を買うのは買い物の基本です。

そして、実際の価値よりも低く評価されているものを買う、というのが投資の基本です。この2つが掛け合わされたところにあるのが、バブル期のRC造マンションなのです。

だからこそ、シンプルに「経営」としての観点から、「モノとしてどうなのか、ニーズはどうなのか、耐久性や換金性はどうなのか、ランニングコストはどうなのか」などを見ることが重要になってきます。最初は懐疑的であっても、ロジックをご理解いただいたお客様は、共感していただけるケースが多いと実感しています。

投資である以上、イメージではなく、本質に基づいたエビデンスとロジックを客観的に検証する必要があります。

3 新富裕層にとっての「資産管理会社」の意味と価値

新富裕層は堂々と相応の税金を納める

私たちは、会社員として高い実績を上げているビジネスエリート「新富裕層」に向けて、「中古・郊外・ＲＣ一棟マンション」を販売しています。新富裕層の方々が投資用の不動産を購入する際に、私で不動産を所有する場合には、直接的な個人の給与所得の節税にはつながりません。そもそも「中古・郊外・ＲＣの一棟マンション」に関しては、土地の資産性（償却対象ではない）と家賃の収益性（ランニング収益）のバランスを取っているため、節税効果を発揮するような損金は少なく、資産管理会社から、給与や報酬を個人として吸い上げようとすれば、むしろ年収が増えることにさえなります。

したがって、「不動産投資は節税対策のためにするものだ」という考え方をインプットしてきた方々にとっては、しっくりこない部分が多いかもしれません。

それでも、皆さまにはぜひ、本質を深掘りしていただきたいと思っています。新富裕層にカテゴライズされる方々、より具体的に言えば、3000万円以上の年収を本業から得ている方々が、仮に区分マンション一戸を購入したところで、節税という観点ではそれほど大きな効果は見込めないはずです。

これは私見になりますが、そのような方々は、個人としては本業で高い収入を獲得し、相応の税金をしっかりと納めることが望ましいと思っています。

忙しい日々の中で、税金対策に心と時間を奪われるぐらいなら、堂々と税金を納めて、本業に集中する方がよほど効率的なのではないかと考える次第です。

資産管理会社を立ち上げるメリット

ここからは、資産管理会社を立ち上げるメリットについて見ていきます。具体的には、以下のような点を挙げることができます。

まず、資産管理会社を立ち上げた後、毎年安定した利益を計上する企業として10年間存続させることによって、**社会的信用力の高い優良企業を築く**ことができます。そのような会社のオーナーであることは、それ自体が価値のある、誇るべき事実です。

次に、セカンドライフの充実を挙げることができます。

どんなに優秀なビジネスパーソンも、会社員である限り、どこかの時点で必ず卒業の瞬間を迎えます。新富裕層の方々であれば、アーリーリタイアという道を選ぶケースも少なくありません。

資産管理会社は、当然のことながら、資産管理以外のビジネスも行うことができます。新富裕層の方々がセカンドキャリアとして自ら新たなチャレンジをしたいと思ったとき、資産管理会社をそのステージとして活用することができます。これまでの経験を活かして、コンサルタントとして社会に貢献する。自らお店をオープンする。形は人それぞれだとしても、10年続いた優良企業という主体があるということは、新しい門出にとって最高の武器になるはずです。

さらに、最終的には、子孫に貴重な財産として引き継げるということ。

資産管理会社の保有資産が資産性の低い不良資産であれば、代々引き継ぐことなど到底できません。質の高い物件を購入し、管理を適切に行うからこそ、誇りを持って引き継ぐことのできる財産になるわけです。

「中古・郊外・ＲＣ一棟マンション」の多くは、それを可能にするだけの質が内包されています。自らの幸せはもちろんのこと、入居者には日々の質の高い暮らしを提供することができ、社会貢献の幸せや、誇りを持って税金を払い続けることの意味を伝えることもできます。

そのような人生設計に、大いなる魅力を感じる方は少なくないと思います。

資産管理会社の運営をお任せいただく立場として、こうした幸せに貢献できることは、何よりの喜びだと日々実感しています。

オーナーと管理会社が共有すべき目的とは？

私たちが資産管理会社の運営をお任せいただくという点に関して、もう少しだけ詳しく説明させていただきます。

マンションのオーナーとなって、中長期的な観点での不動産投資を検討されている新富裕層の方々は、私たちにとっての大切な「お客様」です。不動産投資の本質的意義をエビデンスとロジックをもとにご説明し、十分にご納得いただいたうえで、物件購入へと移っていただくのが理想的なプロセスです。

そして、実際に物件を購入されたその瞬間から、私たちは「パートナー」となります。具体的な関係性としては、オーナーとしての新富裕層の方々が、資産管理会社を経営するCEOの立場になります。私たちは、執行責任者＝COOとして、日々の維持管理業務を中心に、資産管理会社を適切に運営してまいります。

私たちはパートナーとして、共通のお客様である入居者の方々に、安心・安全で快適な日々の暮らしを提供していくことになります。その価値提供に対して、適正な金額の家賃でできるだけ長く住んでいただくことが共通の目標になるわけです。私たちは、単に物件を販売すれば終わり、ということではなく、長期的な視点に立ち、パートナーであるという誇りと責任を持って入居者との関係構築・建物の維持・管理、サービスの質の向上を考えています。

とはいえ、ビジネスの世界に身を置くオーナー様は、当然のことながら本業で多忙です。理念としての目標を共有することはできても、マンションの維持・管理に奔走することなどまったく現実的とは言えません。だからこそ、私たちが責任を持って維持管理業務などの実務面をお引き受けするのです。

オーナーの皆さまには、CEOとしての経営判断を仰ぎます。できるだけお手を煩わせることがないよう、さらには、適切なジャッジができるよう、COOとして責任を果たしていきたいと常に努力を続けています。

小さな例にはなりますが、地方都市の管理会社の場合、入居のたびにオーナーと面談したり入退去のたびにハンコを押してもらったり、などといった慣行が今も続いています。いまだ、コミュニケーションの回数が信頼関係構築の重要指標だと捉えているのかもしれません。しかし、IT化、DX化の進む中、新富裕層の方にとって快適なのは、web上で常に入居状況や管理状態をチェックできる仕組みと、信頼できる管理会社に任せているというストレスフリーな安心感ではないかと考えています。

前項では、資産管理会社を立ち上げる意義として、大きく3つの点を挙げました。そのすべてにとって大切なのが、10年間、資産管理会社の価値を維持することでした。10年という長きにわたって、安心して会社をお任せいただける存在であり続けることが、私たちにとっての最大の任務だと自覚しています。

4 目的は人生の価値を高めること

不動産投資の「出口」はどこにあるのか？

子々孫々に引き継ぐというお話もさせていただきましたが、投資用不動産を購入する際、誰しもが考えるのが、最終的な「出口」をどうするのかという問題です。

新富裕層の方々は、目先の節税や転売で儲けることを「出口」として想定してはいないはずです。だからこそ、「資産を有効活用したいのだけれど、ベストな方法が分からない」

と思い悩んだり、不動産を所有することの本質的な意義を追求したりする方が多いのだと理解しています。

もちろん、出口を巡る問いの答えは一様ではありません。

十人十色とまでは言わないにしても、そんな状況に画一的な価値観を持ち出すことは、もしかしたら適切ではないのかもしれません。

それでも、私はあえて皆さまにこうお伝えします。

人生の価値を高めること以上の目的があるでしょうか？

本章の冒頭でもお伝えした通り、資本主義社会は「社会貢献した人が収益を上げられる」というロジックの下に成り立っています。不動産投資を支えるロジックもその通りです。

だからこそ、不動産投資という営みを通じて、収益の安定確保と社会貢献を両立させ、1つの生き方の象徴としての不動産を、後世につないでほしいと思うのです。

社会貢献としては、「入居者に安心・安全で快適な暮らしを提供する」ということだけでなく、「まだ使えるものであれば、丹念に手入れをして長く使っていく」という、古くから日本に根付いてきた「馴染ませる」という思想を体現することも大きな意義を持ちます。

昨今の言葉でいえば、サステナブルであり、ＳＤＧｓの一環です。

誤解のないように補足をしておくと、私たちはＳＤＧｓの実現だけを目的として、空き家をリノベーションして、再生させる活動をしているわけではありません。

そこには「価値を顕在化させ、収益を生む」という観点が欠かせません。

その理由は明らかで、対価を払ってそこに住みたいと思ってもらえるだけの価値を提供しなければ、住宅そのものの目的のために活かされたとは言えないからです。

時代を超えて必要とされる部分は残しながら、時代に応じた手を加え、ポテンシャルを最大限に活かすことで、新しいものと競合しても、優位性を持って収益を生み出せるだけの価値を発揮すること。これこそが、資本主義社会におけるサステナビリティの本質なのではないかと、私自身は強く感じている次第です。

重要なのは「維持・管理」

だからこそ、「維持・管理」ということが大切になってくるわけです。

またもや唐突になりますが、あなたの革靴は、いったい何年もちますか？

「革靴の耐用年数」で検索してみてください。「手入れをしなければ1年で傷みますが、大切に手入れをして丁寧に履けば10年、20年、もしくはそれ以上」と出てくるでしょう。もし、あなたのまわりで、「父親が大事に手入れをしていた革靴を、今は自分が引き継いで大事に履いている」という人がいたら、とても素敵なことだと感じませんか？

これは建物についてもまったく同じだと思うのです。

利益を安定的に確保するためには、所有する不動産の品質を、できるだけ高いレベルで維持し続けることが重要です。目先の利益を上げるだけなら、日々の維持管理に手を抜くこともありなのかもしれません。しかし、そのような態度はすぐに、入居者に見透かされます。

家賃に見合うだけの価値を提供してもらっていないと判断した入居者はいずれ退去し、

空室が増えていく物件には新規の入居者が寄り付かなくなります。

それを回避するためには、日々の価値提供を大切にする以外に方法はありません。

日々の維持管理業務とは、地味な作業の連続です。社会貢献という言葉の光に対して、眩しささえ感じてしまうほどです。しかし、社会貢献という不動産投資の大いなる目的は、日々の維持管理という小さな一歩からスタートします。より厳密に言えば、そこからしか始めることができないものだと思います。

廊下、外構、ゴミ置き場などを常に清潔に保っておくことで、長期間良い状態を維持することができるだけでなく、小さな傷みなどにも早期に気付き、適切な修繕を最少コストで実施することができます。そして何よりも、きれいな建物は入居者の方々が安心・安全、快適で幸せに暮らすことができ、周辺環境にも良い影響を与えます。

維持管理の詳細については第3章で詳しく見ていきますが、数ある業務の中で私たちが一番大切にしているのは、共用部分にあるゴミ置き場を清潔に保つことです。

皆さまがイメージする管理会社の姿は、「何かあったら自転車で駆けつけてくれる」、そんな街の不動産屋さんがベースになっているのかもしれません。

しかしながら、私たちの立ち位置は、そこからは大きく離れています。

広範囲に位置する多くのマンションのゴミ置き場を、常時きれいに保つというのは決して簡単なことではありません。もちろん、どの物件にも清掃会社のスタッフを派遣していますし、後述するように、不具合の修繕などについては24時間対応のコールセンターと提携することでフォローしています。しかし、それだけでは、コロナ後の在宅時間の増加に伴う、家庭ゴミの増大に対して、高いレベルで清潔さを保つことは困難です。ゼネコンOBを中心とした専門性の高い巡回スタッフが、設備点検のみならず、清掃に当たったり、ゴミ置き場に防犯カメラを設置したりして、常に清潔さを追求しています。最近だけでも、複数のオーナーの方から、「御社から購入した物件は、いつ行ってもキレイですよね」と言っていただきました。

私たちにとってはこのうえないお褒めの言葉であり、マンションから離れた位置にいながら、こういった言葉を頂けるのは、テクニカルな仕組みがあるだけでなく、そのベースに、社員一人ひとりの「不動産投資の本質」への共感があるからだと信じています。

「費用対効果」だけが正解ではない

維持管理を考えるとき、不動産投資という視点から考えると、建物に工事や修繕を施すことに「費用対効果」という判断基準を持つことは至極当然なことです。

専有部分（住居内部）なら、直接入居者の目に触れるので家賃に反映しやすい面もありますが、外構や共用部となると、その効果を測ることは非常に難しくなります。

なかでも、不具合を未然に防ぐための屋上防水工事などは、下手にアピールをすれば「何か問題があったのですか？」とかえって不信感を招くことになりかねません。生活に潤いを与えるはずの植栽も、きちんと手入れや対策をしていかないと、むしろ「ない方がいい」ものになってしまうでしょう。

そのように、判断が難しい修繕は数え上げればきりがありません。

そのため、管理会社などのプロが介在せずに30年経過した個人オーナーのマンションは、長期修繕計画などのコンサルを十分に受けることもできず、家賃も下がり気味になっているものも多いのが現状です。オーナーとしても、「どこにお金をかければいいのか分からない」ということになっているのでしょう。

ＣｔｏＣの個人間売買ではなく、管理のプロが、長期目線での費用対効果の高いリノベーションで再生させることの意味は、このような点に表れるのです。

しかしながら、私たちが維持管理の方法を議論するとき、費用対効果という観点からは離れたところで結論を出すことも少なくありません。

費用対効果に見合わないことでも、「入居者にとってプラスになるのであればやる」。時と場合によっては、それが最適解になることも十分にあり得ます。

例えば、植栽はコストがかかるし、美しいという理由だけで家賃を高くはできません。「それならば、管理コストと労力を削減するために、すべて伐採してしまおうか」という意見も当然出ますが、「いや、やっぱり、ここに植栽があることで、住民の方々の気持ちが和むこともあるでしょうから残しましょう」との方針に至ることがあるわけです。

たしかに、１つひとつは小さなことかもしれません。

それでも、入居者の皆さまに、少しでも幸せな気持ちで暮らしていただくことこそが、私たちにとっての価値であり、生き方であると信じています。

社会貢献としての事業を手がけること。

そんな生き方を通して、不動産だけではなく生き方を後世に残していくこと。

僭越な物言いになることを承知のうえで申し上げるならば、新富裕層の皆さまにはぜひ、そのような生き方を追求していただきたいと思っています。

「47年」と耐震制度の関係

本文の中で、法定耐用年数の「47年」が融資に深く関係しているとお伝えしました。そもそも法定耐用年数とは、あくまでも税務上の減価償却のための年数であり、実際に使用できる経済耐用年数との間には、決して小さくはない乖離があります。にもかかわらず、金融機関はなぜ「47年縛り」を今も続けるのでしょうか。あるいは、「47年縛り」は国が定めたルールではないにもかかわらず、金融機関の対応を、国はなぜ止めようとしないのでしょうか。

そこには耐震制度の問題が絡んでいるように思えます。具体的に言うと、旧耐震基準の下で建てられ、耐震補強がなされていないまま放置されている建造物を、できるだけ早いタイミングで、世の中からなくすことを目的としているように見受けられます。

直近で耐震制度が改訂されたのは１９８２年。

したがって、築40年を超える物件には旧耐震基準が適用されています。これらの建物を新耐震制度に対応させるためには耐震補強ないしは建て替えが必要であり、融資期間を厳しく設定することで流通しないようにしていく。それは穿った見方かもしれませんが、それ以上に合理的な理由を、少なくとも私は思いつくことができません。

いずれにせよ、旧耐震基準の下で建てられた物件をすべて新耐震基準に適応させるには、莫大な工事費用が必要となります。

皆さまのご記憶にも残っているかもしれませんが、有名な表参道の同潤会アパートが建て替えられたのも、耐震性の問題が大きかったのではないかと思われます。

倒壊の危険がある状態で人が住み続けることには大きな問題があります。

新耐震基準への改訂以降に建てられたRCマンションの中にも、いよいよ築40年を経過して、築47年経過まであと数年というものが出てきました。バブル期に建てられたグレードの高いマンションが適正に管理されて、まだまだ快適に居住できるということが誰の目にも明らかになったとしても、金融機関は「融資不可」として取り扱わないことを続けることになるのでしょうか。グローバルなSDGsの観点からも、経済活性化の観点からも、新たな融資基準が設けられていくべきだと考えています。

第2章

土地の価値

1 「駅近」よりも重要なこととは

土地の価値にとって道路は重要である

不動産を通じて社会に貢献することで、そのリターンとして利益を得ていく、という本質的な不動産投資を実現していくにあたり、前章では、「中古・郊外・RCの一棟マンション」がいかに適しているかを見てきました。

ここからは、不動産の価値を「土地」「建物」「お金」という3つの観点から、さらに詳しく掘り下げていきます。

ここではまず、「土地の価値」について見ていきます。

「土地の価値」＝「土地の価格」という公式が自動的に成り立つわけではありませんが、価値の大部分が金銭的価値によって構成されていることは事実です。

ご存じの通り「土地の価格」には何通りもの指標があります。その中でも多くの金融機関が評価として重視しているのが「路線価」です。

路線価とは、路線（道路）ごとに、その路線に面した土地の平米単価を定めたもので、相続税や贈与税を算出するときに用いられる指標です。現在は、毎年7~8月に国税庁が公表しています。

私は20代でこの業界に入りましたが、「土地の価値は接道で決まる」と教えられてきました。実務的な側面からも、税務上の基準、ひいては金融機関としての評価の面からも、「どんな道路に接しているのか」は、土地の本質的価値を見極めるための重要なポイントであると言って間違いありません。


他方、「土地の価値」と言えば「駅近」。

そのように考える方は今もまだ多くいらっしゃると思います。

毎朝、多くのビジネスパーソンがすし詰めの満員電車で出勤していたほんの数年前まで、

「駅から〇分」というキーワードは、業界的にもたしかに非常に重要なものでした。

しかしながら、コロナ禍を経てリモートワークという働き方を選択する人が増えた今、駅からの距離の近さは、必ずしも魅力的な条件ではなくなってきています。自宅で過ごす時間の価値が相対的に増している、という言い方もできるかもしれません。

もちろん、駅から遠いよりも近い方が便利であることは言うまでもありません。

とはいえ、「何が何でも駅近が良い。そうでなければ生活が成り立たない」といった声は以前に比べて大きく減っているのが現実です。無論、アフターコロナの時代だから道路の価値が相対的に増したなどという単純な構図ではありません。それでも、価値ある土地選びという観点にとっては非常に重要な変化であると私自身は受け止めています。

だからこそ、時代を超えた土地選びを誤らないためには、土地そのものだけではなく、道路についての深い理解が必要になってきます。

そのために次項では、道路を巡る問題をいくつか紹介します。

とても大切な問題ですので、しばしお付き合いいただければ幸いです。

道路に関する問題の具体例

例えば、一般に「旗竿地」や「敷延」と呼ばれる土地（路地状敷地）があります。幹線道路には直接面しておらず、そこに出るためには細く延びた路地を通る必要がある土地のことで、旗（土地）に竿（路地）が付いたような形状からそう呼ばれています。

多くの場合、購入時点ではそれほど不便を感じません。

かつ、幹線道路からの出入りが簡単な物件より単価は相対的に低く設定されています。一見すると「おいしい物件」のように感じられますし、それを根拠に旗竿地をお勧めする不動産業者の方もいます。

もちろん、そうした提案が間違っていると言いたいわけではありません。

しかし、どんな物件も、いずれ大規模修繕や建て替えなどを行う必要が生じてきます。そのとき、旗竿地には大型の工事車両は入ってくることができません。工事用資材などを2トントラックで何度も往復せざるを得ない。そんな問題が生じてしまいます。

そうなれば、コストが3倍にまで膨れ上がるケースさえあります。

こうした点まで考慮に入れることが大切だと考えています。

他方、目の前が幹線道路なら良いのかというと、必ずしもそうではありません。例えば、子育て世帯の方の中には、子どもの飛び出しなどを心配して幹線道路に面した物件を敬遠する方もいるでしょう。不動産投資においては居住用である以上、ロジックやデータだけでなく、生活者の視点が当然大切です。

車が通らず、静かで安全だが、工事費用が割高になる土地、あるいは、幹線道路沿いで便利で、利用価値も高いが、交通量もあり、横断に注意が必要な土地。両極端は良くないとして、一概にどちらが良いと決めつけるべきものではありません。周辺環境も含めて土地の在り様をよく見なければなりませんし、その道路が公道なのか私道なのかといった点も重要になってきます。

さらには、地中の埋設管がどのような状態なのかといった点も問題です。

この点については後でもう少し詳しく見ていくことにします。

不動産業者の説明義務の範囲

道路の在り様を正しく理解しようとしたとき、頼りにしたいのが不動産業者です。ご存じの通り、不動産業者には重要事項の説明義務が課されています。その中には道路の詳細な説明ももちろん入っているのではないか。

そんな期待を持った方も少なくないかもしれません。

ですが、結論から言うと、そこまでの説明義務を果たしていない不動産業者も多いと感じています。

重要事項として説明すべき事柄の範囲は、「建物の前を通っているのは私道で、所有者はお隣に住んでいる○○さんです」などといったレベルにとどまります。

「どのような場合に何を制限されるリスクがあるのか」などといったことは、自分から深掘りして質問しない限り、説明されない場合がほとんどです。

さらに言えば、仮に「水道管はきちんと通っていますか」と尋ねたとして、「13ミリ管が通っていますから、大丈夫ですよ」などといった回答が返って来ても。専門家以外の方にとって、この言葉の意味を適切に理解するのはまずもって不可能です。多くのビジネスが売り手と買い手の間の知識格差を前提としていますが、不動産の世界はその差が比較的大きい業界の1つと言えるかもしれません。

そうして「何となく大丈夫だろう」と思い込んでいたら、いざアパートをマンションに建て替えようと思ったときに、水道管の径がまったく足りなくて引き直しが必要となり、最終的なコストが膨大なものになってしまった。

そんなケースも何度か経験してきました。今は特に問題がないから大丈夫、で終わらせず、建て替えに関してどんな制限があるのか、今の建物はどういった前提で建てられたのか、など確認することが大切です。

車両の通行および配管を巡る問題

建築基準法の定めによって、建物はすべて道路（＊建築基準法に定める道路）に接している必要があります。

その道路が公道なのか私道なのかは問われませんが、私道である場合は、公道にはない制限があります。

その1つが「掘削承諾」を必要とする場合です。

私道に面して建物を建てること自体はまったく問題ないのですが、その下には、私設か公設かを問わず水道管やガス管が埋まっているため、建物に水道管やガス管を引き込む工事が必要になった際には、道路の所有者から掘削承諾を得る必要があります。

そしてもう1つが、「通行承諾」が必要になる場合です。

建築基準法上の道路であれば誰もが通行可能ですが、そこが私道である場合、道路所有者は「車両通行禁止」を自らの意思で決めることができます。

例えば、現状では車両通行がOKだったとしても、数十年後に建て替えようとした際、「これからは車両通行禁止にしてほしい」と言われることが考えられます。何とか必死にお願いしたとしても、権利者の意思が固い場合は受け入れる以外に方法はありません。

ちなみに、ほとんどの私道が「誰でも通行可能」にしているのには理由があります。

常に誰もが通行できる状態にしておかなければ、建築基準法上の道路とは見なされず、課税されることになるからです。それが旗竿状の「路地状敷地」です。

これに対して、私有地を道路として整備して申請することで認定される「位置指定道路」については「建築基準法上の道路として指定するので、税金はかかりません、その代わり誰が通ってもいいようにしてください」という考え方を国は採用しているわけです。

ここで気をつけなければならないのは、配管をはじめとする地下のインフラの状況は路線価に反映されていない場合が多い、という事実です。

例えば、隣同士に並ぶ2つの土地があったとしましょう。同じ通りに面しているので、両者の路線価評価は同じです。しかし、片方の家の下には水道管がしっかりと届いているのに、もう一方には届いていない。こうしたケースがまれに起こったりもします。もちろん、そこで実際に生活するためには、前述のような大規模な工事が必要になります。トータルのコストには雲泥の差が生じるわけです。

理解を深めていただくために極端な言い方をしましたが、表に見えている要素だけでは必ずしも最適な判断には至らない。その点を押さえていただければ幸いです。

ここまでの内容を踏まえたうえで、以下、道路にまつわるリスクに苦しめられた事例を3つほどお伝えしたいと思います。

【事例①　世田谷区S町】

これは平成初期に、国道246号線沿いの土地の売却を私が担当した事例です。

この物件の北側が246号線に隣接しており、南側には別のオーナーの物件がありました。そして、さらにその南側には区道がありました。

売却を前に改めて埋設管の調査をしたところ、水道管も下水道もガス管も南側の区道を通って隣接地の下までしか達していないことが判明しました。北側の246号線側の埋設管は、当該物件の手前までしか届いていないという状況でした。

私が担当した売却対象地自体には南北どちらの側からも埋設管が達していなかったわけです。

この事実が分かったとき、私は思わず頭を抱えました。

246号線側の埋設管を延長する工事は、物理的には可能ですが、実際に工事を行うには大きな問題がありました。

246号線を一車線止めるには、数カ月前から申請を出して許可を取る必要があります。しかも、上水道、下水道、ガス管、すべて事業者が違うので、同じ道路に3管分、合計3度、穴を掘らねばならず、工事費用だけで数百万円かかることが分かりました。こうした場合の工事費用は受益者負担で、土地を利用する側が負担するルールになっています。つまり、246号線側からの延長という作戦は与えられた予算とスケジュールの中では不可能だったわけです。

最終的には、隣接地のオーナーに相当な金額の承諾料を支払うことで、区道の埋設管を伸長する工事をしました。目に見えない埋設管がいかに重要なのかを痛感した事例です。

【事例②　杉並区A町】

こちらは私道に接している物件が困難に直面した事例です。

事例①もそうであったように、私道にも水道管やガス管などの埋設管が通っているため、必要があれば、私道の権利者から掘削承諾を得て埋設管工事をすることになります。

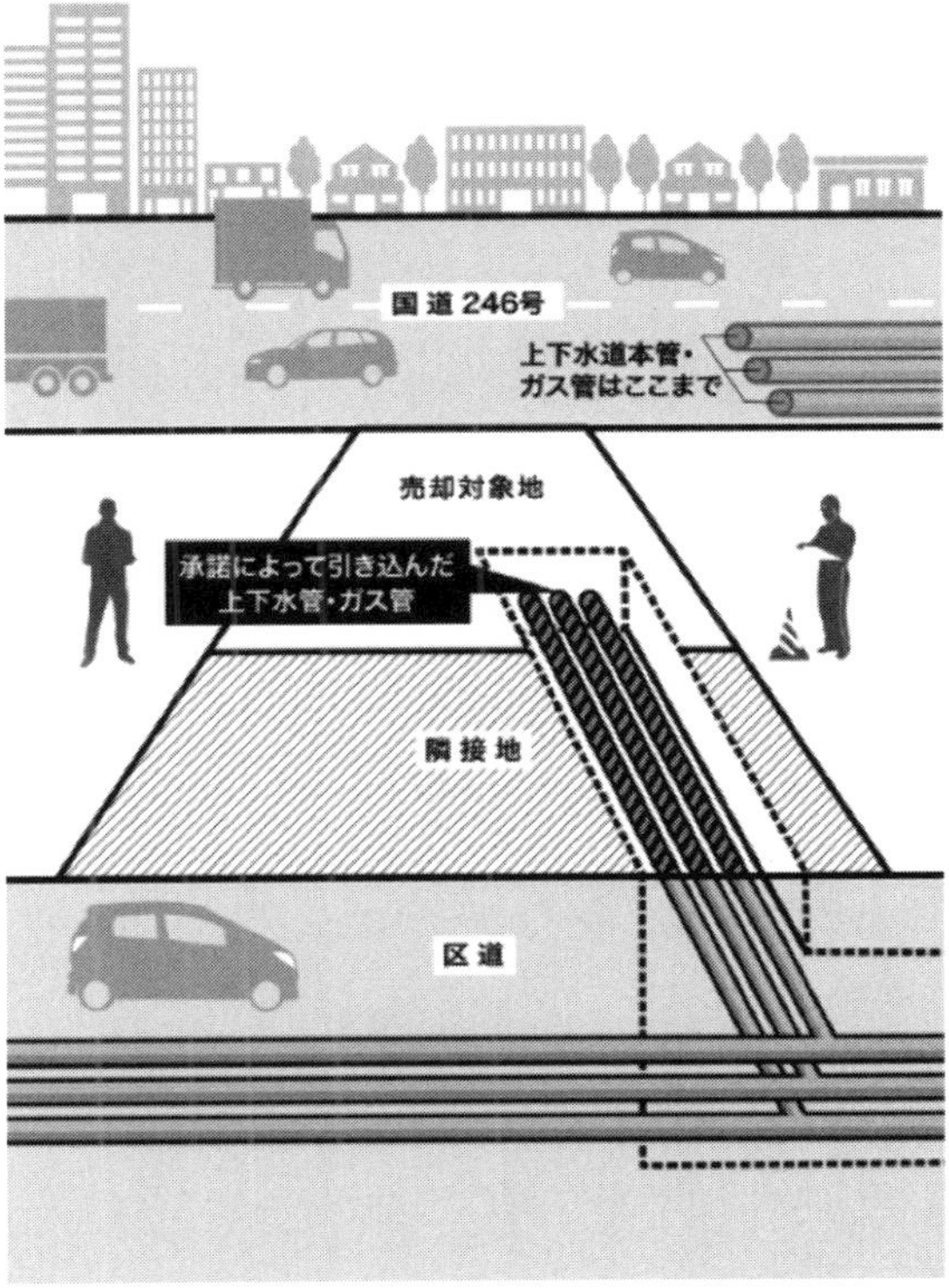
国道246号
上下水道本管・
ガス管はここまで
売却対象地
承諾によって引き込んだ
上下水管・ガス管
隣接地
区道

事例① 世田谷区S町

私道に面する土地の所有者が、それぞれ私道の一部を所有している場合には、一般的に、私道の権利者は「お互いさまですから、工事をしても問題ありません」となり、掘削承諾をもらうこと自体は難しくありません。

しかし、それはあくまでも土地の所有者＝私道の権利者の場合に限られます。

今回の事例は、対象地の所有者には、面する私道の権利がありませんでした。しかも、私道の登記名義人は登記住所におられず、「誰がどこにいるのか分からない」というケースでした。こうした状況に遭遇し、さらに頭を抱えることになります。

掘削承諾がないままでは工事に着手できないため、権利者を探すことから始めなければなりません。権利者が確認できさえすれば、最終的には金銭で解決できる場合が多いのですが、権利者が分からないままでは、どうにもお手上げの状態が続くことになります。さらに本事例では登記名義人が既に亡くなっており、数十人いる相続権利者のうち誰が相続したのかが分からないという状況でした。登記上の権利移転も行われておらず税金もかからないため、相続した事実に当事者が気づいていないわけです。

最終的には、運よく一部の法定相続人の方から掘削承諾を得ることができたので、何とか事なきを得ましたが、いろいろと考えさせられることの多かった事案の1つです。

【事例③　足立区K町】

これは私道に接する土地上に借地権のマンションを建てようとしたときの話です。

本件はマンション建設予定地と私道のオーナーが同一人物だったので、事例②のようなトラブルが起こる心配もなく、隣接する道路も大型工事車両が通行するのに必要な幅員が確保され、大きな懸念事項のないまま工事が始まろうとしていました。

ところが、実際に大型の工事車両が入ろうとしたときに問題が発覚しました。

問題とは、通り沿いにある倉庫のひさしが道路に飛び出していて、そこに大型のトラックが当たってしまうため進入できない、というものでした。トラックが入れなければ、工事はできません。一時はマンションの建設そのものを断念するしかないのではないか、というところまで追い込まれてしまいました。

それでも、倉庫所有者の方に事情を話し、迷惑料を支払うという条件でひさしの付け替え工事をなんとか承諾してもらうことができました。

これがもし公道だったら、行政に対して、行政からの指導をお願いすることができたのかもしれませんが、私道の場合は自力で交渉するしかありません。

しかし、問題はそれだけにとどまりませんでした。

この通りには電柱が立っていたのですが、そこから斜めに延びた支柱が道路の方にまではみ出しており、これではせっかく庇を切ってもトラックは通れません。そこで東京電力に連絡を入れて、電柱ごと移設してもらう運びとなりました。

道路を見る際には、「工事車両がどこをどのように通るのか」という観点からも、注意が必要であることを痛感した実例でした。

なお、工事車両は時間帯によってスクールゾーンを通れないという決まりもあります。その場合には、迂回路を確保できるのかどうか、といった点も確認が必要です。

前述した通り、一度物件を所有すれば、将来的には大規模修繕や建て替えという問題と向き合わなければなりません。だからこそ、「工事の際に支障はないのか」といった観点も前もって意識しておく必要があると考えています。

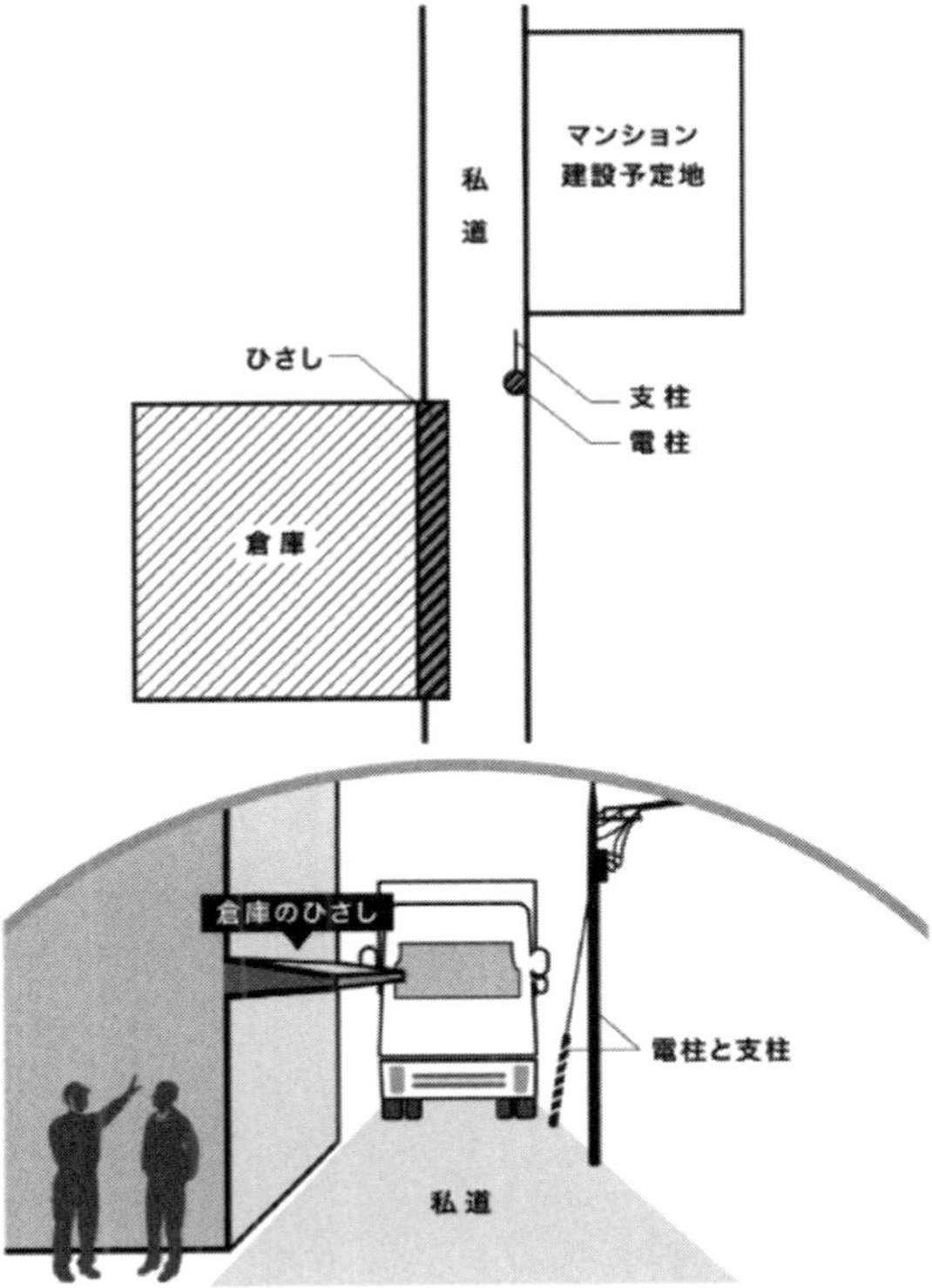

事例③ 足立区K町

2

日当たりよりも水はけ

「北向き」には本当に価値がないのか？

前項では駅からの「距離」の話から入りましたので、ここでは「向き」から始めたいと思います。

かつては多くの人が住まいに「南向き」を求めていました。今は昔ほどではないものの、それでも条件反射のように南向きこそがベストだと考える人は少なくありません。

でも、少し考えてみてください。

夏の暑さは年々厳しさを増しています。

そんな夏の午後を自宅で過ごすとしたとき、日当たりの良い南向きの部屋はどんな状態になっているでしょうか？　真夏であればエアコンを最大限に効かせる必要があります。

文字通り、いたたまれないほどの暑さになるからです。

そのような思いを抱いた方もいらっしゃるかもしれません。しかし、最近ではリモートワークの進展に伴い、室内で過ごす時間が増えています。エアコンが故障などで停止し、すぐに復旧できないということにでもなれば、最悪の場合、命に関わる問題が生じるおそれもあります。

こうした点も踏まえつつ、うららかな午後のひとときを過ごしたいと思ったときに、皆ささんが求めるものは、直射日光ですか？　明るさは向きに関係なく、むしろ窓先の開放感の方が、生活に与える影響が大きいのではないでしょうか？


端的に言ってしまうと、南向きで日当たりの良い家が好まれるのは、私たちの住まいが木造だった時代の名残です。特に関東平野は湿地であるため、断熱技術や防水技術が低いかつての木造住宅では、南側を開放して日が当たるようにしておかなければ、夏はじめじめしてカビが生え、北側に開口部（窓）があると冬は北風がすきま風として入ってきて寒く、ほこりっぽくなったりしました。

こうした環境では、布団や衣類なども頻繁に日光に当てていなければ、あっという間に傷んでしまいます。

しかし、現代の鉄筋コンクリート住宅は、当時の木造住宅に比べて断熱性も気密性も、すべてが格段にアップしています。さらに特筆すべきは、窓サッシの性能向上でしょう。言うまでもありませんがペアガラスは2枚のガラスの間に存在する数ミリの空気層によって高い断熱効果を発揮します。そのおかげで結露が生じることもありません。

エアコンの性能も格段にアップし、湿気を簡単にカットできるようになりました。

もはや、「南向きで日当たりが良くなければ、湿気やカビで暮らしていけない」という時代ではありません。

向きよりも「眺望」を重視する

だからといって、「北向きにこそ価値がある」と言いたいわけではありません。

なるべく太陽を感じながら生活したい、毎日布団を干したい、という方々にとっては、南向きはこれからも変わることなく優先事項であり続けるでしょう。

ただ、気候の変化、木造から鉄筋へという建材の変化、窓サッシやエアコンなどの性能の向上、そこに住む人のライフスタイルの変化といった点をすべて考え合わせると、「南向きであることの価値」は相対的に低下していると言ってもいいでしょう。

それと同時に、「北向きには価値がない」という考え方もなくなりつつあります。

世の中に深く根付いた南向き信仰のおかげで、「全戸南向き」といった売り文句を掲げる物件が北向きの物件よりも高値で売りに出されるケースは今も多くあります。この状況は今しばらく続くかもしれません。

それでも最近は、直射日光を避けたいとか、紫外線をカットしたいという人が、あえて北向きの部屋を選び、しかも安い家賃で住んでいるというケースももちろん多くあります。

これからはますます、南向きと北向きの価値の差が解消されていく。やがては南向き信仰も勢力を弱めていく。私はそのように考えています。

駅近の議論のところでリモートワークとの関連に言及しました。

これは南向きの問題にも同様に当てはまります。家にいる時間が長くなればなるほど、機能性がアップした現代においては、どういう空間を快適と定義するかは、個別性が高くなります。これら2点から、時代の転換期においては、既存の価値観にこだわり過ぎると変化に取り残されていくおそれがある。そのことを深く学んだようにも感じています。

それらを踏まえて、私が重視しているのは、南向きか北向きかということよりも、眺望です。

具体的には、窓の向こう側が抜けているかどうか、大きな建物が建っていないかどうかといった点を意識するようにしています。

窓については「通風・採光・眺望」という機能がありますが、これらに関しては、方角自体はほぼ関係ありません。北向きだから昼間でも暗く、明かりをつけなければならないとか、風が通らなくて息苦しい、ということはないのです。

逆に、隣接地との関係で目の前に大きな建物がある場合は、どの方角の窓であれ、光も風も入ってきませんし、眺望も望めません。つまり、眺望のある窓であれば、採光も通風も期待できるということになります。

今の時代、眺望は方角よりも居住性の快適さに大きな影響を与えるものと言えます。間取り図だけを見て方角を気にするのではなく、現地に足を運び、バルコニーから何が見えるのか、地上からの高さはどの程度なのか、隣の建物とはどの程度離れているのか、これらを実際に体感してみることが大切なのです。住む人にとっては当然とも言えることですので、投資する際にも居住者の目線でマンション全体を確認して、それぞれの住戸の居住環境をチェックしていただきたいと思います。

「日当たり」よりも「水はけ」

気候変動により猛暑日が増加し、社会の変化と共に人々の働き方も変わっていく中、どこまで南向きにこだわる必要があるのか。そんな問題意識をお伝えしてきました。

この問題意識をさらに広げていくと、今だからこそ注意しなければならない点として、ゲリラ豪雨の増加や台風の大型化を指摘する必要が出てきます。

ここから、土地の「水はけ」の良しあしという観点が導き出されます。

これからの土地選びにおいて大切なのは、日当たりよりも水はけだと言っても過言ではないと思っています。夏から秋にかけて報道が増えてきていますが、一度水害が起こると簡単に日常を取り戻すことができません。仮にマンションの高層階で、居室自体は損害がなかったとしても、エレベーターが停止してしまったり、下水に問題が生じたりすれば、生活に大きな支障が生じます。

まして、地域一帯が水浸しになれば生活を継続することが難しくなります。

その土地が水に強いか否かを知るにはハザードマップを確認するのが一番ですが、地名に「台」や「山」といった文字がついている土地は高台にあるので水害に遭いにくく、「谷」などの文字がついている土地は低地なので水害に遭いやすい。それらもあながち間違いではありません。昔の人たちが私たちに残してくれたメッセージであると受け止めることで、さらに問題に対する意識が深まります。

補足しておくと、もちろん、低地だから買ってはいけないというわけではありません。ハザードマップをよく見てリスクを把握し、必要な対策がどれだけ徹底されているのかを確認することが重要なのです。

新富裕層の方々は、自らの力で得た土地と建物を活用して、自分たちはもちろんのこと、多くの入居者の方にも幸せになってもらう。そこに人生の意義を見いだしているはずです。さらには、その土地と建物を子孫へと引き継いでいくことで、お金だけではなく、自らの生き方もつないでいきたいと願っているはずです。

大切な想いを託す物件に、誰かを危険にさらすような要素が含まれていてはならないと考えるのは当然のことです。将来的な土地の安全性というところまできちんと向き合ってくれる専門家を、ぜひ味方につけていただけたらと思います。

ここからは、水はけに関わる事例をいくつか紹介します。

【事例④　品川区E町】

都内某所の商店街で、等価交換事業でマンションを建設したときの事例です。古くからテナントとして入っていた文具店が、建て替え後もマンションの1階に引き続き入居することになっていました。

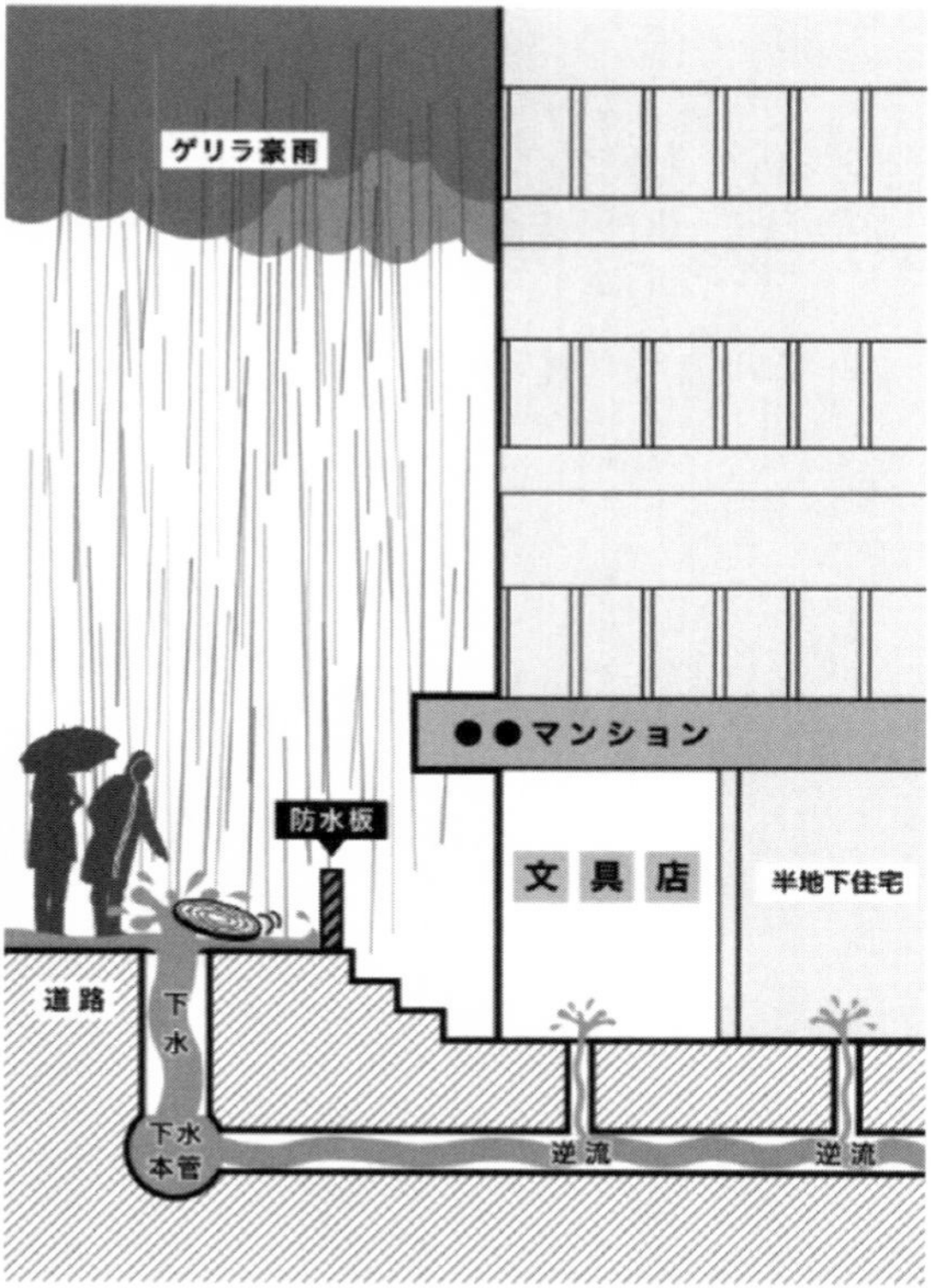
ゲリラ豪雨
●●マンション
防水板
文具店
半地下住宅
道路
下水
下水本管
逆流
逆流

事例④ 品川区E町

ただ、日影規制があるエリアで、建築できる建物の高さ制限が厳しかったことから、新しいマンションは1階部分を半地下として計画していました。マンションデベロッパーとして少しでも販売住戸を増やすために、半地下を作って面積を稼ごうという判断になったわけです。

しかし、この土地のことをよく知っている文具店のオーナーは、「ここは水害があれば道路が冠水する土地だ。半地下なんてとんでもない」と主張しました。そう言われても、日影規制に逆らうことはできません。代替案として、水害に備えて道路境界部分に防水板を設置することで同意を頂きました。

とはいえ、大規模な水害なんて20年に一度来るか来ないかだろう。

決してタカをくくっていたわけではありませんが、心のどこかに「大丈夫だろう」という思いがありました。ところが何と、マンションが完成したまさにその年に、大型の台風が来襲して道路が冠水してしまったのです。

そのときにどんなことが起こったか？

大量の雨水が下水管に流れ込み、排水が追いつかなくなります。下水管の中に溜まった水圧で、道路ではマンホールの蓋が吹き飛び、家の中では、逆流してきた下水がトイレや風呂場から噴出します。

そんな状況の中、外に逃げようと思っているうちに、マンション内の半地下になった廊下部分に溜まった水の圧力で、玄関のドアを開けられなくなってしまったのです。

文具店の店内は膝上まで水に浸かってしまいました。

さらに半地下住戸に関しては、入居してまだ半年しか経っていなかった新築の居室内が汚水に浸かり、大変な補償問題になりました。

その後は、既存の地下ピットを見直し、水害時に下水管が容量オーバーとなったときは地下ピットに水を溜められるように改善しました。その水をポンプアップして排出できる仕組みに変えることで、居住スペースに汚水が上がっていかないように対策したのです。

これは今から25年前、ディベロッパーの社員だった頃の事案ですが、水害時にインフラがいかに重要なのかを、身をもって体験した出来事でした。

【事例⑤　杉並区Ｉ町】

こちらは今から10年ほど前の事例です。

神田川に近く、ハザードマップで浸水に注意を促されているエリアの賃貸マンション一棟を当社にて購入したケースです。

そのマンションには半地下の住戸があるのですが、かつて大型台風がやって来た際に床上浸水してしまい、入居者への補償が必要になるなど、大変な苦労があったそうです。

売り主だったオーナーは、集中豪雨などにより同様の水害が再び起こることを懸念して、売却に踏み切ったとお話しされていました。

床上浸水が生じた原因は、冠水が発生した際に水を溜めるための地下ピットが存在し、排水ポンプも設置されていながら、いざというときに作動しなかった点にありました。

常日頃から動いているものが急に止まれば誰にでも分かるものですが、非常用の設備が正常に働くかどうかは実際に動かしてみないかぎり分かりません。

このマンションでは、残念ながら非常時になって初めて動かないことが判明するという事態になってしまいました。

当社は、半地下住戸が空き部屋になっていた状態で仕入れ、改めて地下ピットへの流入経路を整備し、非常用の排水ポンプも整備しました。

そうすることで、半地下の住居にも入居していただくことができ、満室稼働にて販売。その後、現在も継続して管理をお任せいただいております。

設備が整っていればよい、というわけではないことを教えてくれた事例です。

まだ記憶に残っている方も多いかもしれませんが、2001年の歌舞伎町の火災では、退路が荷物で塞がっていたために多くの人が亡くなり、消防法が改正されるという大きな社会問題にまで発展しました。

それ以降、火災への規制が厳しくなり、消防点検報告も売買時にしっかりとチェックを受けるものとなりましたが、不動産のマーケットにおいては、水害の対策がまだまだ十分ではないものに出合うことが多いのが実情です。

台風が大型化し、線状降水帯も頻繁に発生している現状に鑑みれば、「火災とは違って、命の危険まではないだろう」などと安易に考えるのではなく、設備を十分に整えること、さらに日々の点検を怠らないことは、命にも関わる非常に重要な問題です。

ハザードマップや過去の氾濫履歴をチェックし、過去に問題のなかった物件でも日々の設備点検を怠らないことが重要である点を改めて強調させていただきます。

3 建物だけを見ないで「地歴」を見る

「地歴」とは何か？

物件を見るときには、周辺の土地もしっかり見なければと思いつつ、駅からの距離や、学校やスーパーマーケットへのアクセスなど、利便性という観点に終始してしまうことが少なくありません。さらに理解を深めていただくために、ここではまた別の観点として、「地歴」というものに言及したいと思います。

地歴とは文字通り、その土地にまつわる歴史です。

土地を見る際には、長い歴史の中でその地域がどのような位置づけだったのかという地歴についても、併せて確認することが重要だと私は考えています。

例えば、神社の近辺というのは基本的に、高台だったり地盤が固かったりして、水害や地震に強いものです。先人が叡智を尽くして選んだ場所なのだといつも実感させられます。長い歴史を生き抜いてきたという事実は安全性の証でもあります。

また、このような地域であれば、周辺に風俗店などが新たにつくられる心配もないので、子育て世帯も安心して住むことができるでしょう。

例えば、過去に工場などが立っていた場所には土壌汚染のリスクが存在します。事前に汚染の有無を調べる必要が出てきます。これも誤解がないように申し上げておくと、「過去に工場があったから、その土地はダメだ」という単純な話ではありません。

物件の購入を検討する際には、過去にそこに何が存在していたのか、どのような意味を持つ土地だったのかを事前に把握しておき、懸念がある場合には、相応の対策がなされているのかどうか、リスクを上回るメリットがあるのかどうかといった点を検討する必要があります。

地歴を通じて、地域やその土地の経緯、まさに歴史を知ることは、リスクを知るだけでなく、深い愛着にもつながっていきます。以前は国会図書館まで出向いて調査する必要がありましたが、今はネットでも確認できますので、調べることをお勧めします。

その土地の成り立ちも重要

さらに、危険性の有無だけではなく、どのようにしてその地域が成り立ったのかという経過についても知っておいて損はありません。

例えば、都心に近い下町エリアの中には、広く真っすぐな道路が整備されているところがあります。

その理由は、太平洋戦争の際の空襲でいったん焼け野原になり、その後、ゼロから街がつくり直されたからです。これとは逆に、世田谷区などで太平洋戦争が起きたときに空襲を受けていないエリアでは、以前の田舎道が整備されないまま入り組んだ状態の上に新しい街が出来上がっています。

あるいは、近年になって鉄道が通った地域。例えば、つくばエクスプレス沿線などは駅前に商店街などがなく、少し閑散とした雰囲気です。

これは、一面が畑だったところを切り開いて鉄道を通したためです。すべてが新しくきれいで、チェーン店やショッピングモールなどはありますが、老舗の商店など古きよき味わいのあるもの、あるいは、歴史的な面白さを求める人にとっては、画一的で物足りない街という見方も成り立ちますし、「いかがわしさがない」という言い方もできるかもしれません。

それに対して、終戦後に生まれた商店が形を変えながら愛され続け、今も人情と活気に溢れているのが下町です。

地元の人に聞けば、「あれを買うならこの店、あれが美味いのはこの店」といくらでも話が出てきます。このような歴史の妙味のようなものは、新興地では決して味わうことができないものの1つだと言えます。

利便性が高く清潔で整然とした街と、歴史の流れと共に成熟した面白みのある街。

これらはまさしく好みの問題なので、どちらが良いということは必ずしも言えません。それでも、好みは入居者の物件選びに大きな影響を与えます。

だからこそ地歴を把握し土地に対する理解を深めること。その土地の成り立ちから見る視点を持つことも大切です。

地元の人が住みたい物件こそが「良いマンション」

もともとその地域に長く住んでいた人たちが、「息子が独立するからこのマンションを勧めたい」とか「高齢になったから一軒家を売ってこのマンションに入りたい」といった声と共に集まってくるマンションがあります。

これは「良いマンション」であることの1つの基準だと考えています。

駅からの距離や方角、建築資材や内装、設備といった点も考慮すべき点ではあります。しかしながら、究極的な1つを選ぶとすれば、私はやはり、地元に長く暮らす方々の目を挙げることになります。

その土地を知り尽くした人は、「どうしてこの場所にマンションが建ったのだろう?」と首をかしげるような物件には手を出しません。地元の人たちが納得したうえで選んでいる事実そのものが、その地域におけるニーズの存在を裏づけています。これ以上ない評価を得ていると言っても過言ではありません。

これは新築分譲マンションを巡る余談ですが、マンション業界ではその昔「断固、建設反対！」といった運動が起きるマンションほど、いざ建ててみるとよく売れるといわれていました。

もちろん、本当に住環境を破壊しているような悪質なケースは例外ですが、反対運動が激しい場所は、近隣の人たちが住環境を大事にしているところであることが多いのです。

私の経験では、近隣の反対していた方々も、何が何でも建設反対ではなく、その地域の環境に合った建物、住宅にしてほしいという要望であることがほとんどです。

ゆえに、私自身の経験においても、反対だと言っていた近隣在住の高齢女性が、実際にマンションが建ったところ、「娘のため」と購入してくださったことがあります。

地元の方々に認めてもらえる、受け入れられる土地というのは、物件が建つ以前から、多くの方が評価している場所ということなのでしょう。

「続いている」という事実が示すもの

私たちはバブル期に建てられた中古物件を扱っているため、当時その物件を建てた方とは実際に会えない場合が多いです。

それでも、その物件がそこに残っているということは、おそらくその土地の地主だったその方が、「この場所だったら地盤も良くて安全だろう」とか、「利便性が高くて入居者が多く集まるだろう」などと考えたためだと推察されます。言い換えれば、多くの入居者が住んでくれるだろうと考え、そこに十分な収益性を見いだしたからこそマンションを建てるという大きな投資の決断をしたものと想像することができます。

実際のところ、現在に至るまで誰かが住み続けているという事実は、その狙いが決して外れていなかったことを証明しています。それゆえ、中古の賃貸物件で明らかにおかしな土地に立っているのに満室稼働しているような物件を目にすることはありません。

分譲マンションの場合は、ある意味では売ってしまえばそれで終わりです。

しかし、賃貸マンションでは、一人ひとりの入居者が気に入って住み続けてくれたり、空室が生じてもすぐに別の誰かが入ってくれたりしなければ存続できません。その点で、長く人々が住み続けているマンションは、魅力的な土地に建てられたとも考えることができるのです。

4 価値のある土地とは

「土地は減価償却しない」からこそ遺すに値する

ここから、土地の価値とは何かを整理していきたいと思います。

しつこいようですが、不動産投資というと、何はさておき「節税対策」というキーワードを思い浮かべる人も少なくありません。たしかに、不動産を購入すれば節税対策にはなるでしょう。

しかし、節税を目的に不動産を購入しようとすると、何が正解なのか分からない世界に迷い込んでいくことになります。少なくとも私はそう確信しています。

とはいえ、節税の件に少し踏み込まなければ私の想いも伝わりにくいと考えますので、簡単にではありますが説明していくことにします。


ご存じの通り、不動産投資による節税には2つの軸があります。

1つ目の軸が「減価償却によって所得税を減らす」というものであり、もう1つの軸が「相続税を減らす」です。これら2つの観点から不動産投資は節税に大きな効果がある、そんな謳い文句を耳にされた方は多いのではないかと拝察します。もちろん、前述の通り節税効果があること自体は事実です。問題はそれが不動産投資の本質かどうかという点です。この点を見極めるには、それぞれの仕組みについて理解を深める必要があります。

まずは、減価償却から見ていくことにしましょう。

大前提として、減価償却するのは建物だけで土地は減価償却しないということを改めて理解する必要があります。土地の相続税価格はあくまでも路線価によって決まり、年数等によって自動的に目減りするような性質のものではないからです。

ここから、単純に減価償却だけを考慮に入れるのであれば、「評価の低い土地に評価の高い建物」の組み合わせが最も高い節税効果を狙えます。

しかし、ここに1つ目の罠が潜んでいます。

つまるところ、「評価の低い土地」とは価値の低い土地です。

本章では土地を見るさまざまな観点について述べてきましたが、良い土地は、上物が傷むたびに建て替えながら、何代にもわたって活かし続けることができます。

そのような良い土地が脈々と受け継がれていくことは、土地を入手した人にとっても、子孫にとっても、そこで暮らす入居者にとっても、多くの幸せをもたらします。

「安い土地に高い建物を建てて節税対策を！」

そんな考え方に縛られて、価値のない土地を入手するという行いは、自分だけでなく、子孫の代にも累が及ぶトラブルの種を抱えるようなものです。

相続税評価が時価を上回っても心配はない

続いて、相続税というもう1つの軸について見ていきます。

不動産投資による節税を、「相続税を減らす」という方向で考えている人たちの中には、「路線価は低いが（=相続税評価は低いが）、時価が高い」土地を狙う人もいます。

相続税評価と時価に乖離があればあるほど、節税効果が高いからです。

もう少しかみ砕いて言うと、「時価は2億円もするけれど、路線価=相続税評価としては1億円しかないから、同じ相続財産として残すなら現金2億円を使って評価1億円の土地を買った方がいい」という考え方です。

さらに借り入れをして土地を購入すれば、節税効果はよりいっそう高まります。

たしかに、こうしたやり方で高い節税効果を見込めるケースもあります。

それでも、相続税評価の低い土地は路線価の低い土地であるという事実は、どこまでも付きまといます。節税を目的としたばかりにわざわざ路線価の低い土地を購入する。それ自体にどのような意味があるのかと言われれば、私自身は答えに窮します。

当然のことですが、価値あるものには押しなべて高い値段が付きます。

良い土地とはやはり、路線価評価が高い＝資産価値が高いものなのです。

そもそも、土地の相続税評価は時価の8掛けで計算します（詳細は101ページ参照）。節税に関してはそれで十分と考え、収入に応じてしかるべき税金を支払い、価値のある土地を手に入れて、社会にとって良い形で運用したうえで子孫に残していくという考え方が、どこまでも王道であると私は確信しています。

さらに言えば、子孫に残すことを考えたときには、相続税評価と時価が逆転し、むしろ相続税評価の方が高い土地でもよいくらいだと思っています。

繰り返しにはなりますが、目先の節税だけを最優先に考えて、相続税評価の低い土地を狙っていくと、「価値のない土地を高く買う」というおかしな事態が起きてしまいます。

言葉を選ばずに言えば、「結局のところ、損をしている」ことになります。

残されても嬉しくない、むしろ処分に困るような土地を子孫に残して迷惑をかけるのは、誰にとっても望むことではないと考える次第です。

時価と相続税評価の極端な乖離を活かして節税効果を狙う。

そんな「抜け道」のような事例に対しては、「路線価評価が著しく不適当である」との判断が最高裁で下されてもいます（180ページ参照）。税に対する考え方は社会の状況により変化していきます。その意味でも、あまりに軸を傾けるのは危険であると言えます。

また、第1章では「マンションオーナーになる方々には資産管理会社を設立することをお勧めする」とお伝えしましたが、銀行をはじめとする金融機関は一般に、資産管理会社の資産を、相続税評価による積算評価で評価します。

こうした点からも、節税目的のリスクを感じ取っていただければ幸いです。

法の抜け穴を狙ってまで目先の節税のために奔走するというのは、この資本主義社会を実力で生き抜いて、資産を成してきた新富裕層の方々にはふさわしくない。僭越ながらも、私は常にそう思って仕事をしています。こうした価値観に共感していただける方々と共に、社会に対して大きな価値を提供していきたいと考えています。

このような考え方は、何も不動産投資に限ったものではありません。多くの方が本業を通じて日々体現されているものだと理解しています。

それを不動産投資においても、そのまま継続していただきたいわけです。

これから物件を買おうとしている自分の目的は何なのか？

単なる節税なのか。それとも、良い土地を活用し、社会を豊かにしていくことなのか？

不動産の購入はその人の生き方が表れます。だからこそ、新富裕層の方々には、本書のテーマである本質としっかりと向き合い、判断していただきたいと思っています。

なぜ相続税評価は時価に対して8掛けになるのか

土地の相続税評価について

相続税評価は時価に対して8掛けになる、ということは皆さんご存じかと思いますが、その根拠についてはご存じでしょうか？ここでは、土地の価値を表す、さまざまな指標について見ていきます。

図3では、土地を表す指標をいくつかピックアップしています。ご覧の通り、指標ごとに、目的が違い、管轄も違います。

これらの指標の関係性についてですが、国税庁のホームページに、以下のような記載があります。

路線価等は、1月1日を評価時点として、1年間の地価変動などを考慮し、地価公示価格等を基にした価格の80％程度を目途に定めています

では、なぜ路線価は公示価格の8掛けになるのでしょうか？

路線価を保守的に評価している背景には、次のような納税者保護の考え方があります。

図3　土地の価格を表す指標

	目的	基準日	公表時期	管轄
実勢価格	実際に取引される 際の価格 いわゆる時価	随時	-	-
公示地価	適正な地価を 形成するために、 土地価格の動向を 示す指標	1月1日	毎年3月	国土交通省
路線価	相続税・贈与税の 算出根拠となる価格	7月1日	毎年7月	国税庁
固定資産税 評価額	固定資産税・ 不動産取得税の 算出根拠となる価格	1月1日	3年に1回	市区町村

①相続時に不動産を換金する場合、一定の労力がかかる。

②価格変動も考慮し、割安な価格にすることで納税者の負担を軽減する。

ここで算出される金額は「参考価格」ではなく、実際に課税対象となる金額であるため、保守的にならざるを得ないとも言えるでしょう。

また、国税庁は、相続税評価の考え方として以下のような見解を示しています。

土地の相続税評価額＝路線価×土地面積×持分×画地調整率（地形、広大地評価など）

要するに、個別要素を除くと次のように言うことができるため、

土地の相続税評価額≒路線価

相続税評価は、実勢価格の8掛けになるという仕組みです。

次に、実勢価格と公示地価の違いについても、少し触れてみたいと思います。

公示地価とは、図3の通り、地価の動向を示す指標なので、「できるかぎり取引事例を参照した時価に近いもの」となります。が、公示地価は、1年に1回しか発表されないため、残念ながらリアルタイムの価格変動までは織り込まれていません。その一方で、実勢価格はリアルタイムでの取引価格であるため、どうしても両者の間には乖離が生じてしまうのです。

ちなみに、土地の価格が安定している局面では「実勢価格≒公示地価」となりますが、公示地価は路線価とも関係があるため、やや保守的な金額になる傾向があります。

また、マクロ視点で見た場合には、上昇局面でも下落局面でも都心の変動率は非常に

図4　各指標の関係性（土地）

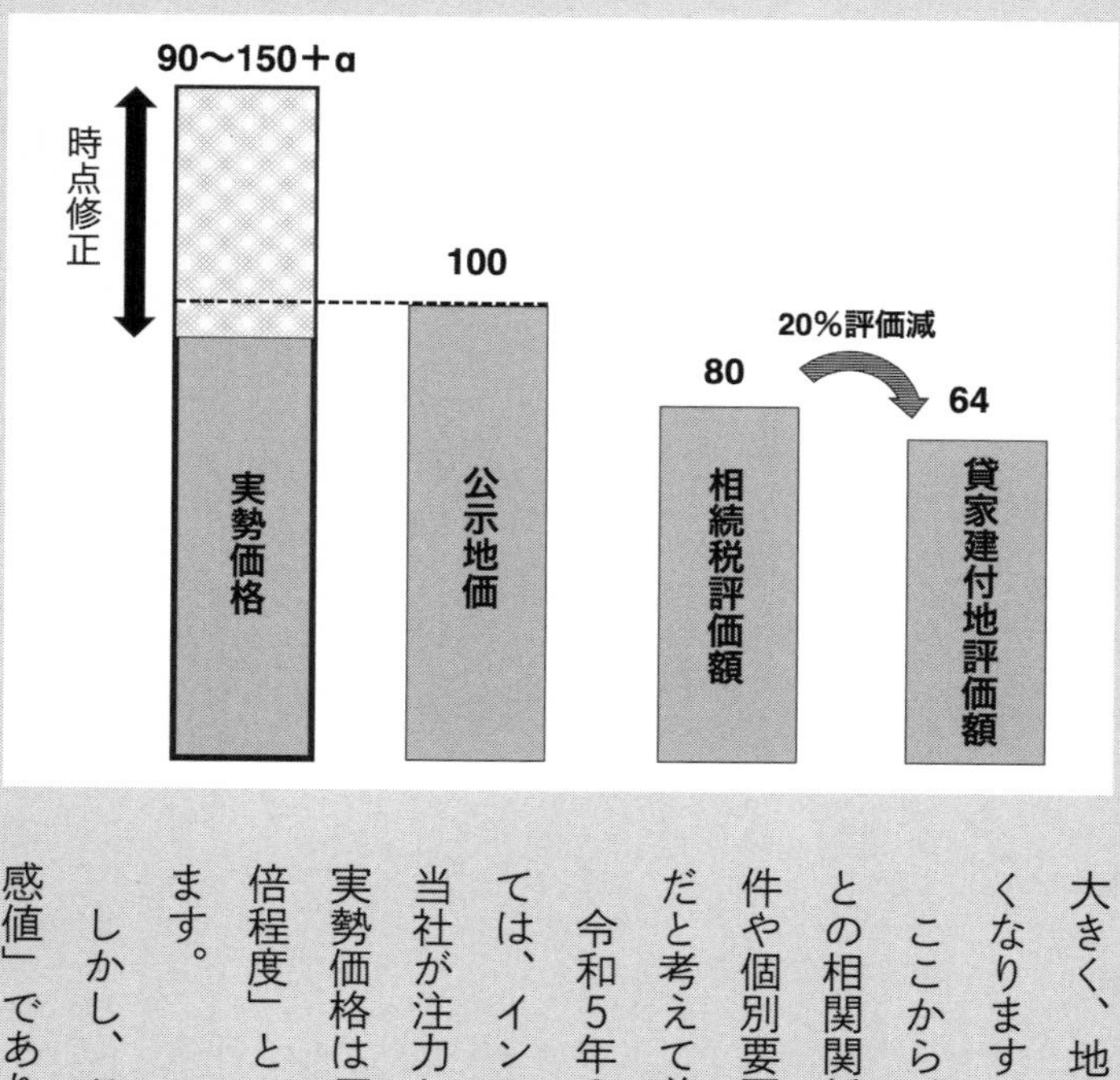

大きく、地方に行くにつれて小さくなります。

ここから、相続税評価額と時価との相関関係については、立地条件や個別要因によって変わるものだと考えて差し支えありません。

令和5年9月時点の体感値としては、インフレや円安などもあり、当社が注力している郊外エリアの実勢価格は「路線価の1・5倍〜2倍程度」という事例が多いと感じます。

しかし、これもあくまでも「体感値」であり、正確なところは何

図5　各指標の関係性（建物）

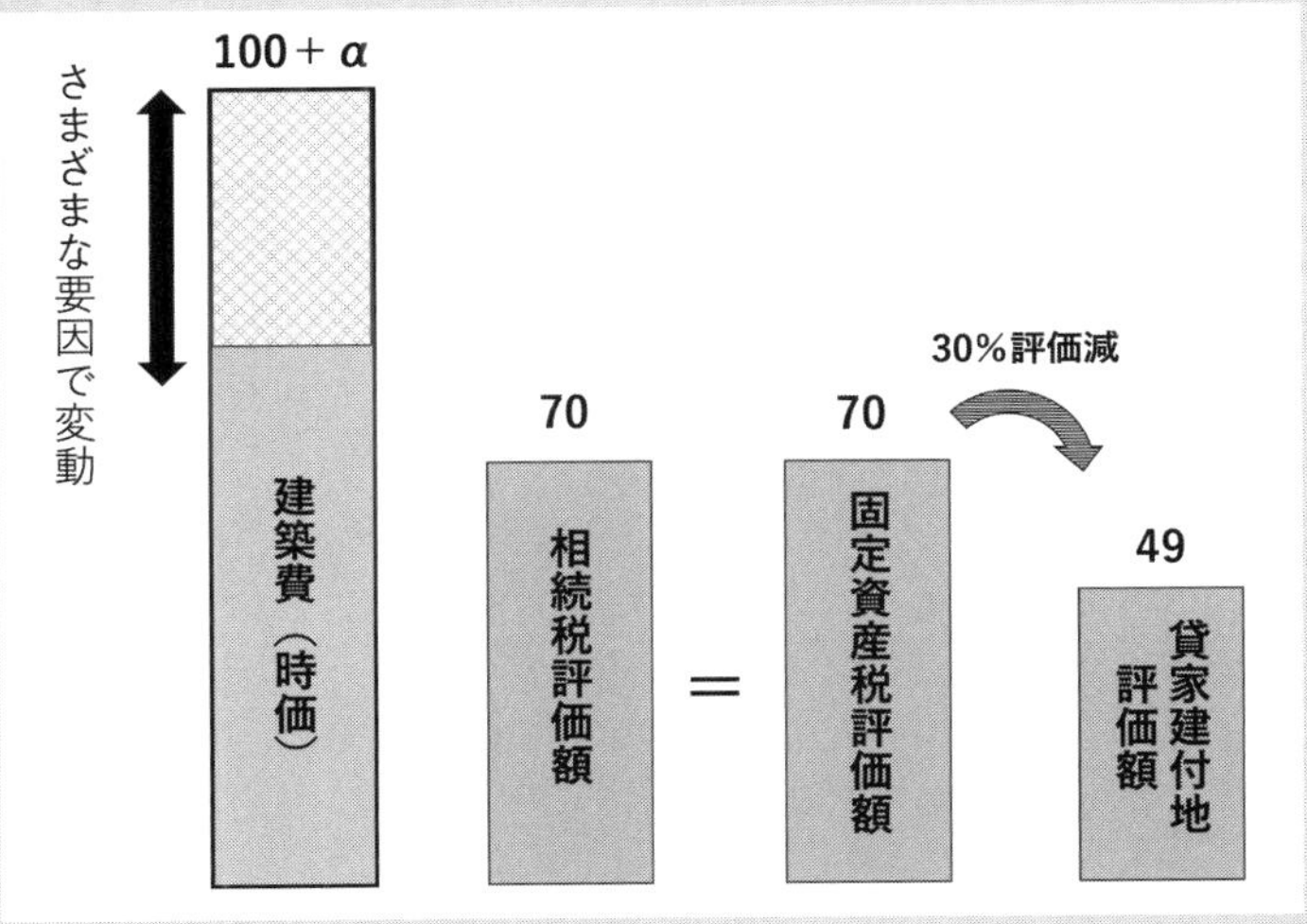

とも言えません。

裏を返せば、実勢価格＝時価を正確に導き出すというのは、決して簡単な作業ではなく、プロの私たちにとっても悩ましい問題なのです。

建物の相続税評価について

建物の相続税評価の考え方は非常にシンプルで、

相続税評価額＝固定資産税評価額

となります。

固定資産税評価額は、毎年1月1日時点での所有者へ通知される納税通知書等に記載があります。また、3年に1回評価替えが行われることが定められています。

直近では2021年度に評価替えがありました。

一方、建物の時価に関しては、景気変動や人件費、輸入部材価格などといった、さまざまな要素によって決まるため、固定資産税評価額の乖離は大きくなります。

第3章

建物の価値

1 「築古」には価値がないのか

法定耐用年数「47年」の非合理性

皆さまはマンションに関して、何年からが「築古」だと感じますか？

一般には、築30年を過ぎたあたりから、「この物件は少し古いのではないか？」というネガティブな印象を抱く人が多いようです。

では、「30年からが古い」とする根拠はどこにあるのでしょう？

もしも「10年ひと昔」のように、単純に「30年＝時代遅れ」と捉えているのであれば、本当に価値のあるものを見逃してしまうことになりかねません。

第1章でもご説明した通り、ＲＣ造マンションの法定耐用年数は「47年」です。

　ここから金融機関は原則として、融資した金額の返済期間を47年に対する残存期間を限度に定めています。新築物件であれば最大で47年。、築30年の物件の場合には、最大17年が融資期間の基準となります。このあたりから、30年を超えた物件は「築古」との考え方が世の中に浸透していったものと見ることができます。

　だからこそ、イメージではなく本質を見る必要があるということです。

　例えば、耐震性について少し考えてみましょう。

　住宅などの建物は、建築基準法で定められた耐震基準に合致している必要があります。今の耐震基準は1981年に制定されたものとなっています。そのため、それ以前に建築確認申請がなされた物件と、それ以後に計画された物件は、異なる基準で建てられています。バブル期（1990年前後）のRC造はすべてが現行の耐震基準の下で建てられていますので、2023年の時点で築30年が経過し、法定耐用年数としては残り17年の物件も、現在の新しい耐震性を担保しているのです。

　こうした点からも、30年前の築30年と（つまり現在築60年）と30年前に建てられた物件（現在築30年）を同じ基準で捉えるのは、明らかに非合理的であることがお分かりいただけるのではないでしょうか。

イメージだけで「築古のマンションには価値がない」と言い切ってしまうのは、時代の感覚からも乖離しているように映ります。

これは余談になりますが、時代の変化や環境保護への要請などを踏まえたとき、現行の「47年」という法定耐用年数を根拠とする融資の縛りは、遠からぬ将来、改訂されるのではないかと私は考えています。

バブル期の物件の特徴

とはいえ、どんな建物であっても47年以上もつと言いたいわけではありません。どの建設会社が手がけたのか、設計のレベルはどうだったのか、そして何より、いかに入念な修繕や管理が行われてきたのか。それらによって耐用年数は変わってきます。単に年数だけで、物件の良しあしを決めつけることはできません。

1つの指標として、30年が経過しても快適に住み続けている住人がいるのであれば、それ自体がそのマンションの価値を表しているということはできます。

繰り返しにはなりますが、私たちは皆さまに、イメージではなく、根拠を持ってバブル期の物件を知ってもらいたい、お伝えしたいと考えています。その特徴がどのようなものかを、今から少し見ていくことにしましょう。

バブル期に建てられたマンションは、前述の通り新耐震基準が適用されています。

ＲＣ造マンションは適切な管理と修繕を継続することで１００年は使い続けることができると国土交通省も明言していますが、なぜ明言できるのかというと、新耐震基準がそのような基準だから、ということになります。具体的には、「旧耐震制度」は「震度５程度の中規模の地震で大きな損害を受けないこと」が基準となっているのに対し、現在の耐震制度では「中規模の地震では軽微なひび割れ程度の損傷、震度６強や７に達するほどの大規模な地震でも倒壊は免れること」が基準となっているのです。

阪神・淡路大震災の際にも、倒壊したのは旧耐震制度の下で建てられた物件でした。新耐震基準の下で建てられた物件は、設備の不具合はあっても、建物の構造には大きな問題は生じませんでした。

東日本大震災のときにも、千葉ベイエリアは液状化により傾いた建物が多くありましたが、基礎が安定している新耐震基準下のＲＣ造の物件は傾きませんでした。

半面、しっかりしているが故に、解体する場合には費用が非常に高額になります。

いったん更地に戻して新しい物件を建て直したいという方も中にはいらっしゃいます。その理由の多くが、前項で見てきたように「築古」を気にされているからです。しかし、経済合理性の観点からはもちろん、１００年以上も安全に使える物件を活用しないことは、それ自体が非常にもったいないことだと言わざるを得ません。

ちなみに、解体費用がかさむのは構造だけが理由ではありません。

30年前には、ＲＣ造マンションの解体費用は坪単価約2万円といわれていましたが、今では10万円程度にまで高騰しています。その原因は人件費ではありません。

その当時、建築資材の廃棄に関する規定は今ほど厳しくはありませんでした。

当時の解体業者の中には、甘い規制の下で、廃材をきちんと分別することなく、不法投棄に近い処理をしているところもありました。

しかし、当然ながら今では、そのようなことは絶対に許されません。

廃材をしっかりと分別し、決められた場所に正規な手続きを経て廃棄する。そのために、リサイクルの費用なども含めて、解体コストが大幅に上昇しているわけです。

コストばかりを口にするのは決して好きではありませんが、サステナブルという時代背景だけでなく、コストの観点からも安易な解体は得策とは言えません。

「価値のあるものを安易に廃棄せず、手を加えて活かしていく」という考え方を、今後も大切にしたいと思っています。

新築プレミアムとは

不動産投資を考えている方々の中には、RC造の物件であっても、築30年程度が経っている物件に対してアレルギー反応を示す人が一定数います。「新築物件と比較して競争力が弱いのではないか？　もはや建て替えが必要な時期だろう」と考える方々です。

ここでは少し、新築物件の販売までの構造について考えてみたいと思います。

詳細は後述しますが、バブル期は、賃料収入を目的とした費用対効果ではなく、不動産価格の上昇を前提に建てられているため、必要以上にハイレベルな仕様になっています。

他方、現在は賃料からの逆算で、土地を仕入れ、建物を建築し、相場に見合った利回りで販売する、というのが投資用マンション販売の構造となります。

「賃料」「土地の仕入価格」「建築費」「相場の利回り」といった4つの変数がすべて思惑通りに実行できれば問題ないのですが、マーケットが過熱すればするほど、良い土地の仕入れは価格競争となり、供給を増やそう、業績を上げようとすれば、おのずと仕入価格は高くならざるを得ません。全体のコストが上昇した分、高い賃料で貸すか、低い利回りで売れれば問題ありませんが、不動産業者の都合に合わせて売れるといったケースばかりではありません。

売れる利回りがマーケットで決まってしまう以上、高く土地を買ってしまった場合に、この計算式を成り立たせるには、建築コストを抑えて賃料を高くするという離れ業が必要となります。

しかし、現実的にそれは難しいので、デザイナーズマンションとか、芸能人を起用した広告等によって高い賃料を目指すことになりますが、広告を重ねれば重ねるほど、効果のあるものはすぐに模倣される業界でもあるため、これも一時的な解決にしかなりません。

それでも高賃料で貸せるはずだと計画して、分譲していった場合、購入してくださったオーナーへの引き渡し時にまだ入居が決まっていないということも多くあります。そうなると分譲主である不動産業者は、高賃料を保証し続けることになります。

一見、立派な新築ワンルームマンションが完成し、販売が完了していても、借りて住む人のいない状態が続いていく……。数年前に社会問題となったスルガ銀行かぼちゃの馬車事件と同じ構造の問題が起こっていると言っても過言ではないと考えています。

問題はこれだけにとどまりません。

新築マンションが「新築」を理由に重宝されるのは、新築の間だけです。仮に高賃料で入居してもらえたとしても、次の入居者の方にとっては「新築未入居物件」ではないので、賃料を下げざるを得ないのがマーケットの常識です。

これを不動産業界では「新築プレミアム」と呼んでいます。

そして、２人目以降の入居者に対しては、築5年でも10年でも、あるいは15年でも、家賃は大きく変わらず、緩やかに下降していくというイメージです。

「だったら、新築プレミアムが通用しているうちに転売すればいい」

そのように考える方もいらっしゃるかもしれません。

ですが、今度は中古物件として、新築よりも高い利回り（低い販売価格）になるのが、マーケット価格です。

バブル期のマンションについてはどうか

それに対して、私たちが扱っている築30～35年のバブル期のマンションに関して言うと、たしかな賃貸の実績があります。

実際に「このマンションで、この家賃を払って暮らしてきました」というデータが、エビデンスとして存在しています。

さらに大規模修繕や設備の更新などを実施し、安全性、快適性共に向上させることができれば、賃料を上げることさえ可能になるかもしれません。

こうしたマンションをいかに使い続けていくのか。

そのことを長年考え続けてきました。

ここまでお伝えしてきた本質を理解された方が増えれば、社会全体が既存物件の活用という方向性に、さらに大きくシフトしていくと思われます。

世の中の価値観が変化し、「バブル期のRC造であれば100年大丈夫」という認識が一般的なものになれば、取引価格も見直されていくでしょう。今はそこまで理解が浸透していない、ということは、言い換えれば「今が買い時」だと言うことです。

バブル期のマンションのすべてにおいて、ポテンシャルが高いわけではないのと一緒で、新築だから悪いということではありません。私たちが避けるべきはイメージだけで判断するというスタンスです。それを避けるためにさまざまな角度から本質について理解する。

私たちは今、その途上にいるのだ捉えています。

2 建造物を後世に引き継ぐということ

なぜ法隆寺は1300年もつのか？

少し唐突ではありますが、法隆寺のお話をさせていただきたいと思います。

建立からおよそ1300年の時が流れた法隆寺。

記録によれば、大規模な修繕は平安時代に1回、鎌倉時代に1回、南北朝時代に2回、室町時代に1回、江戸時代に2回、さらに昭和に入ってからも行われています。

小学生の教科書にも採用されたのでご存じの方も多いと思いますが、『法隆寺を支えた木』（NHKブックス）という名著があります。

共著者の1人である西岡常一氏は、昭和の大修理の棟梁を務めた人物です。

西岡氏によると、法隆寺は金堂や五重塔、それらを支える柱や梁など、根幹を担う部分の建材にはヒノキが使われています。ヒノキだったからこそ、世界最古の木造建築として1300年も持ちこたえることができたのです。

それでは、建築資材がヒノキでありさえすれば、人が手を加えずとも法隆寺は現代まで生き延びたと言えるのでしょうか？

当然のことながら、1300年もの期間、時代は常に平穏だったわけではありません。時の権力者は入れ替わり、その間には多くの激しい争いもありました。

実際、第二次世界大戦時には、戦火を避けるために金堂を解体して山中へ疎開させた、というエピソードを西岡氏が書き残しています。

耐久性の高い建築資材が使われたことに加えて、法隆寺を愛し、育み、「地域のために、後世の人々のために」という強い意志の下、天災や不心得者から法隆寺を守ろうとする。そんな人々がいなければ、時の流れに埋もれていたかもしれません。

それではなぜ、西岡氏をはじめとする歴代の宮大工たちは、そこまでの想いを法隆寺に対して抱くことができたのでしょうか？

西岡氏は、師であった祖父から「お堂ではなしに、伽藍（がらん）を建てるんやで」と何度もきつく言われたと語っています。

「お堂ひとつでも、全体の伽藍配置のなかで生きていることを忘れるな」という忠告は、歴代の宮大工たちに、口伝によって継承されていたといいます。

また、法隆寺の創建者である聖徳太子が僧侶たちに「法華経、勝鬘経、維摩経の研鑽を積むように」と遺言した、という話を受けて、祖父からは「せめて法華経くらいは読んでおかなあかん」と諭されたとも書き残しています。

法隆寺を受け継ぎ、できるかぎり今あるこのままの姿で次世代へつなごうという強い想いは、建立に関わった人々の想いを汲み取っているからこそ、のように思います。

なぜ木造の法隆寺の話なのだろう、と首をかしげる人もいるかもしれません。

それでも、不動産に携わる私たちにとって、法隆寺という「今を生きる題材」から学ぶことは、決して少なくないと私は確信しています。

そんなことを皆さまにも少しだけお伝えしたく、お付き合いをいただきました。

不動産の所有者に求められる「歴史観」

ここからは、法隆寺からピーター・ドラッカーへと時と場所を移しましょう。

ドラッカーが記した「3人の石工」の話をご存じの方も多いかと思います。

ある旅人が3人の石工に向かって「何をしているんだ?」と訪ねるという話です。

1人目の石工は次のように答えます。「自分はただ石を積んでいるだけだ。朝から晩までレンガを積まなければならなくて、もうボロボロさ」

続く2人目の石工は、「自分は大きな壁をつくっているんだ。この仕事のおかげで家族を養っていけるんだ」と答えました。

そして3人目の石工は、「自分は今、大聖堂をつくっているんだ。ここで多くの人が心の安らぎを得て、祝福を受けるんだ。素晴らしい仕事だろう!」と答えました。

ドラッカーは、3人目の石工がほかの2人と異なるのは、自分の仕事が世の中のため、未来のために役立っている、という「誇り」を持って仕事をしていることだと説きます。

日本通で知られるドラッカーが、法隆寺の宮大工たちを知って書いたのではないか。思わずそんなことを考えてしまうエピソードではないでしょうか。

第2章でも述べましたが、築30〜35年のマンションを集中的に扱っている私たちは、「建てた人」の思いに直接触れることのできる機会はなかなかありません。

相続対策で建てられたマンションの場合、建てたご本人は既に亡くなっているケースがほとんどです。相続で代替わりしていることもあれば、何度か売買が繰り返され、時には途中で競売にかけられていることもあります。

建てた人が分からない、建築図面さえ残っていないことも少なくありません。

だから、私たちは残された建物とそこで暮らす方々をじっくりと見るのです。

なぜこの土地を選んだのか、なぜこのような構造にしたのか。

なぜファミリータイプなのか、なぜワンルームなのか、なぜこのようなデザインなのか、なぜこのような設備を選んだのか。

時代背景や素材の良しあしはもちろんのこと、そこから滲み出てくる建てた人の意思を

郵便はがき

恐れ入りますが
切手を貼って
お出しください

112-0005

東京都文京区水道 2-11-5

明日香出版社

プレゼント係行

感想を送っていただいた方の中から
毎月抽選で 10 名様に図書カード(1000 円分)をプレゼント!

お名前《ふりがな》	
ご住所	郵便番号 (　　　) 電話 (　　　)
	都道 府県
メールアドレス	

* ご記入いただいた個人情報は厳重に管理し、弊社からのご案内や商品の発送以外の目的で使うことはありません。
* 弊社 WEB サイトからもご意見、ご感想の書き込みが可能です。

明日香出版社ホームページ　https://www.asuka-g.co.jp

ご愛読ありがとうございます。
今後の参考にさせていただきますので、ぜひご意見をお聞かせください。

本書の
タイトル

年齢：　　　歳	性別：男・女	ご職業：	月頃購入

● 何でこの本のことを知りましたか？
① 書店　② コンビニ　③ WEB　④ 新聞広告　⑤ その他
(具体的には →　　　　　　　　　　　　　　　　　　　　　　　　　　)

● どこでこの本を購入しましたか？
① 書店　② ネット　③ コンビニ　④ その他
(具体的なお店 →　　　　　　　　　　　　　　　　　　　　　　　　　)

● 感想をお聞かせください

① 価格	高い・ふつう・安い
② 著者	悪い・ふつう・良い
③ レイアウト	悪い・ふつう・良い
④ タイトル	悪い・ふつう・良い
⑤ カバー	悪い・ふつう・良い
⑥ 総評	悪い・ふつう・良い

● 購入の決め手は何ですか？

● 実際に読んでみていかがでしたか？（良いところ、不満な点）

● その他（解決したい悩み、出版してほしいテーマ、ご意見など）

● ご意見、ご感想を弊社ホームページなどで紹介しても良いですか？
① 名前を出してほしい　② イニシャルなら良い　③ 出さないでほしい

ご協力ありがとうございました。

しっかりと汲み取ったうえで、「長くもたせるには、どのように手を加えるべきなのか」を考える。スパンこそ及びませんが、基本は法隆寺と同じだと私は思っています。

不動産は建てたときだけ、買ったときだけ良ければいいというものではありません。土地はある意味、公共の財産であり、だからこそ、その土地を社会全体の幸福のために活かすことが「不動産を所有することの本質」に他なりません。

自分が建てたり、購入したりした建物が、後々誰にどのように使われるのか？

その建物の存在によって、そこに関わる人々の人生がどう変わるのか？

時の流れの中でいかに土地と建物を守り、時代の変化にいかに調和させながら人々の幸せを実現していくのか？

それらの問いに思いを馳せる時間軸、つまりは「歴史観」が求められるのだと、私には思えてなりません。

3 構造は「使い続ける」、設備は「更新する」

時代のニーズに合わせたリノベーションとは?

構造が非常にしっかりしているバブル期のRC造マンションに関しては、「築古」というイメージに惑わされず、長く使い続ける道を探すべきではないかということをお伝えしてきました。

しかし、それには欠かせない条件があります。

その条件とは「修繕」と「更新」の2つです。建物は大規模修繕で安全性を確保し、設備や内装、間取りについては時代のニーズを取り入れながら更新する必要があります。

不動産「投資」という側面から見ても、「解体すれば多額のコストのかかる構造を長く使い続けるために、設備を更新していく」との考え方には合理性があります。

だからこそ、構造と設備は分けて考える必要があるわけです。

設備の更新に関して、まずはシンプルに、「ある程度劣化が進んだものを交換するのか、もう少し使い続けるのか」という選択があります。

例えば、エレベーターの寿命は一般に30〜40年です。

エレベーターを交換しようと思うと1基あたり約1000万〜1500万円かかります。築40年のマンションの場合であれば、「建物自体がもう古いし、そう遠くない先に住めなくなるから、そこまでコストをかける必要はない」と考えるオーナーも少なくないでしょう。

しかし、マンションは100年もつと知っていたらどうでしょうか。

少なく見積もっても70〜80年は快適に住み続けられるという前提に立つのであれば、築40年はちょうど折り返しの時期です。現実的な耐用年数の中で効果性、効率性の高い設備交換を実施しようと考えれば、建築当時のエレベーターを動かせなくなるまで使い続けるよりも、全体計画の中の中間地点（築40年）での交換がクレバーな選択。まさにグッドタイミングなわけです。

あるいは、まだそれほど劣化が進んでいなくても、時代と共に性能が向上しているなどの理由から更新を検討すべきケースも存在します。その筆頭がサッシや玄関扉です。これを30年前と比較すると、防音性、断熱性、防水性、耐震性、デザイン性など、あらゆる面で性能が格段にアップしています。

環境への配慮という観点から見ても、例えば、断熱性能に優れたサッシに換えることで、エアコンの稼働時間を減らすことができるなど、さまざまな効果が見込めます。

このような設備を使うことで建物全体へのダメージを抑え、マンションとしての寿命をトータルで延ばしていく。これも重要な観点の1つです。

さらには、バブル期と現在のライフスタイルの違いから、リノベーションが必要になるケースも存在します。

バブル期といえば、各家庭における子どもの人数が現在よりも多く、その一人ひとりが個室を欲しがった時代でした。2ＬＤＫよりは3ＬＤＫ。そんな具合に、同じ平米数でも部屋数の多い方が好まれました。近年では一住戸あたりの居住人数が減っているために、子ども部屋の数よりもリビングの広さや快適性を重視する家庭が増えていました。

過去形で表現したのは、コロナ禍で状況が一変したからです。

リモートワークの進展により家にいる時間が増えたこと、そして、オンライン会議へのニーズから、大人が個室を求めるようになってきたのです。

人々が住まいに求めるものは時代と共に変化します。特に賃貸物件は選んでいただいて初めて成り立つもの。建物を活かすにはニーズの見極めが重要だということです。

今日的な設備の更新やリノベーションの事例

ここからは、私たちが手がけた設備の更新やリノベーションについてご紹介します。

①ZOOM部屋（＝テレワークルーム、書斎、DEN）

コロナ禍でのリモートワークやオンライン会議等に対応できるよう、リビングの一角に小部屋をつくったところ、ご好評を頂きました。ガラス張りの仕様なので、生活音は遮断しつつもリビングの気配は分かるようになっています。会議中や集中したいときにはロールカーテンを下ろすことも可能です。

②宅配ボックス

コロナ禍でオンラインショッピングの需要が激増したこともあって、宅配ボックスへのニーズが高まりました。かつては耐久性のみが求められましたが、今はコールセンターを設けて24時間の問い合わせに対応している製品もあり、使いやすさや利便性だけでなく、不具合時の対応についてもサービス化が進んでいます。

③食洗機

共働き夫婦の割合が圧倒的に増えて家事の軽減が求められるようになったこと、また、コロナ禍で衛生基準が厳しくなったことなどから、食洗機を求める家庭が増えています。現在は分譲マンションであれば必須のアイテムと言えます。

④テレビモニター付きインターホン

もちろん、エントランスにオートロックがある方が良いに越したことはないのですが、工事には多額のコストがかかります。またオートロックがあっても、不審者が宅配業者と一緒に建物内へ侵入してしまうおそれもあります。「オートロックがあるから安心」などと警戒心が薄れるくらいなら、玄関にモニター付きインターホンや防犯カメラを設置して、侵

①

①

②

③

④
Panasonic

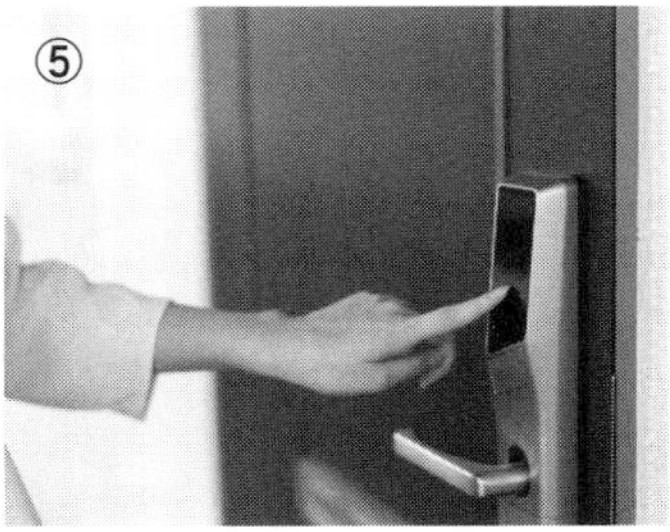
⑤

入を防ぐ対策を立てる方が有効かもしれません。ちなみにインターホンの方が、コストパフォーマンス的にも優れています。

⑤スマートロック

暗証番号を入力することでドアを開閉できるスマートロックも最近は非常に人気です。便利さはもちろんのこと、紛失や盗難のトラブルの軽減にもつながります。

⑥3点ユニット↓バス・トイレ別に

バブル期のワンルームマンションでは、単位面積当たりの家賃収益最大化を目指して、各居室の面積をぎりぎりまで小さく抑える傾向がありました。そのために、3点ユニット（バス、トイレ、洗面所が一体化したもの）が導入され、「ホテルタイプ」等の売り文句で宣伝されました。しかし、日本人には湯船に浸かる習慣があり、さらに女性にとって広い洗面台はマストです。結局のところ、3点ユニットは賃貸市場において敬遠されることが増え、最近では「バス・トイレ別」にリノベーションするケースもあります。

⑦洗濯パン（洗濯機の下に設置されるプラスチック製のボード）

バブル期までの建物の場合、ベランダや共用の廊下に水栓が設置されており、洗濯機は床に直接置かれていました。しかし今は、水漏れ対策や床の保護などのために洗濯パンが設置されています。洗濯機の性能が格段に向上し、動作音がほぼ出なくなっているため、間取りによってはリビングに置かれることもあります。

⑧温水洗浄便座

温水洗浄便座（ウォシュレット）は、今や国民の必需品といっても過言ではありません。もともと設置されていない部屋に長く住んでいた居住者が退去した後、新設するか否かで悩むオーナーは少なくありませんが、変化した日本人の生活様式を考慮に入れるならば、新たに設置することを断然にお勧めします。

⑨無料Ｗｉ－Ｆｉの完備とコンセント増設

かつては、子どもたちが自室で電話をかけたり、テレビを見たりできるように、各部屋に電話線やＴＶアンテナジャックが求められました。しかし、現在はすべてスマホの時代。だからこそ、電話線やＴＶアンテナジャックよりも、無料Ｗｉ－Ｆｉや、スマホ充電のためのコンセントの完備が求められています。

⑩和室→全室フローリングへ

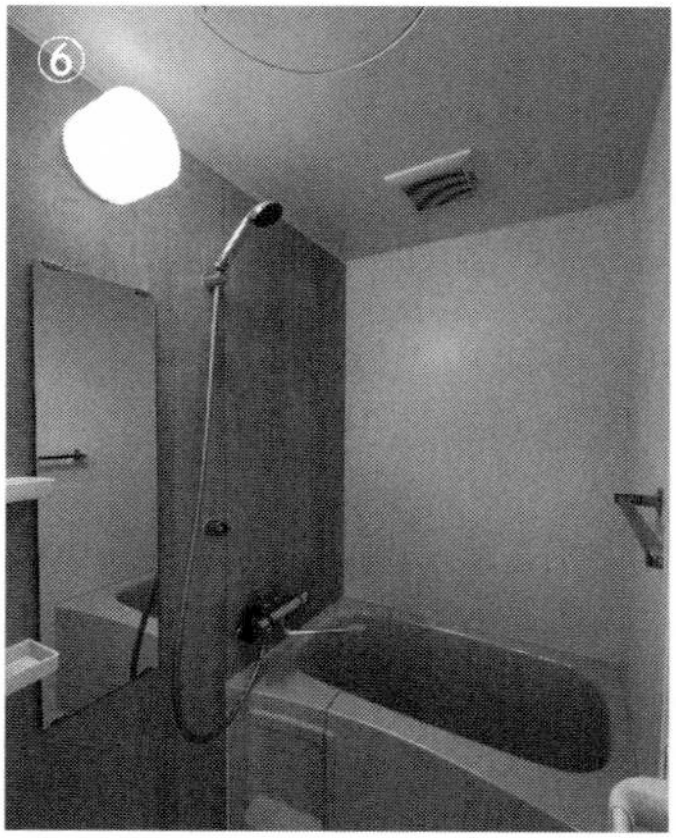
⑥

⑥

⑧

⑩ Before

⑩ After

30～40年前、ファミリータイプのマンションの場合、それが分譲であれ賃貸であれ、一部屋が和室であることは常識でした。子育て中の家庭や寝室兼リビングとして使いたいときなど、さまざまなシチュエーションで和室が重宝されたのです。しかし、令和の今は、ライフスタイルの変化等から、和室に対するニーズが大きく低下しています。その結果、全室フローリングへのリノベーションが主流となっています。

最後に1つ、違った角度から補足しておきます。

設備の更新やリノベーションを実施する場合がほとんどですが、時には「住む人」を変えるという発想を採用する場合があります。

例えば、浴槽に浸かる習慣のない外国人は、浴槽が設置されていても使用しません。バス・トイレを別にするために部屋の面積が削られるくらいなら、ユニットバスのまま、部屋を広くする方を圧倒的に好むでしょう。外国人の入居者が見込めるエリアであれば、あえて「リノベーションしない」という選択が奏功する場合も少なくありません。

どちらの戦略を採用するかは、ケース・バイ・ケースで熟考する必要があります。

目指すは「リクエスト初月解決率100%」

ここからは少し、私たちの宣伝のような話をさせていただきます。

100年もつ建物を、実際に100年しっかりともたせること。それによって、そこで暮らす人々の快適で安全な暮らしを守ること。そのどちらが欠けても、不動産を所有する意義は揺らいでしまうと私たちは常に考えています。

だからこそ、前項で見た維持管理業務が何より大切になってくるわけです。

オーナーの皆さまから管理を任されている私たちは、入居者の皆さまから日々届くご要望を、クレームではなく「リクエスト」と呼ぶことで、最大限応えられるよう、真摯に向き合っています。工事部門ではリクエストを当月内に解決する「初月解決率」をKPI（重要業績評価指標）に設定しているほどです。

残念ながら、この数値が100%になることはなかなかありません。

それでも、100%を目指して対応していくことが、すべての関係者の方々の暮らし、さらには幸せを守り、建物を活かし続けるうえで、欠かせないと考えています。

図6　設備系リクエスト種類別件数推移

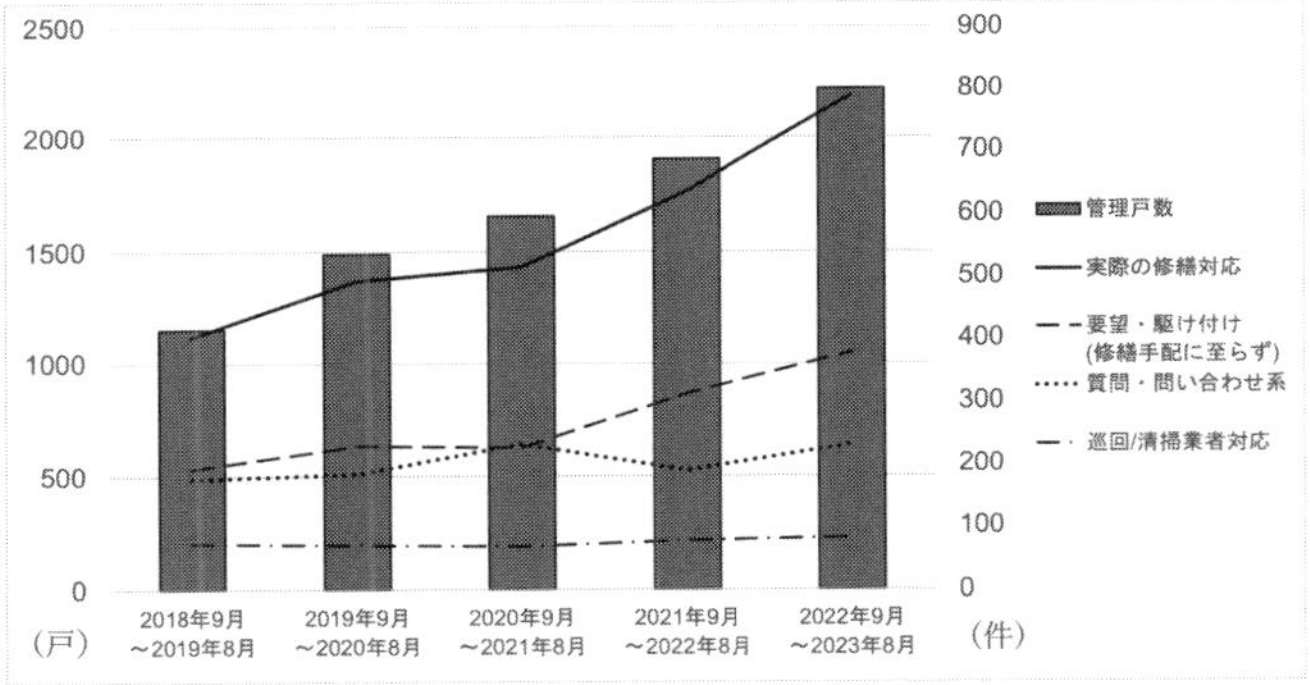

図7　ソフト系リクエスト種類別件数推移

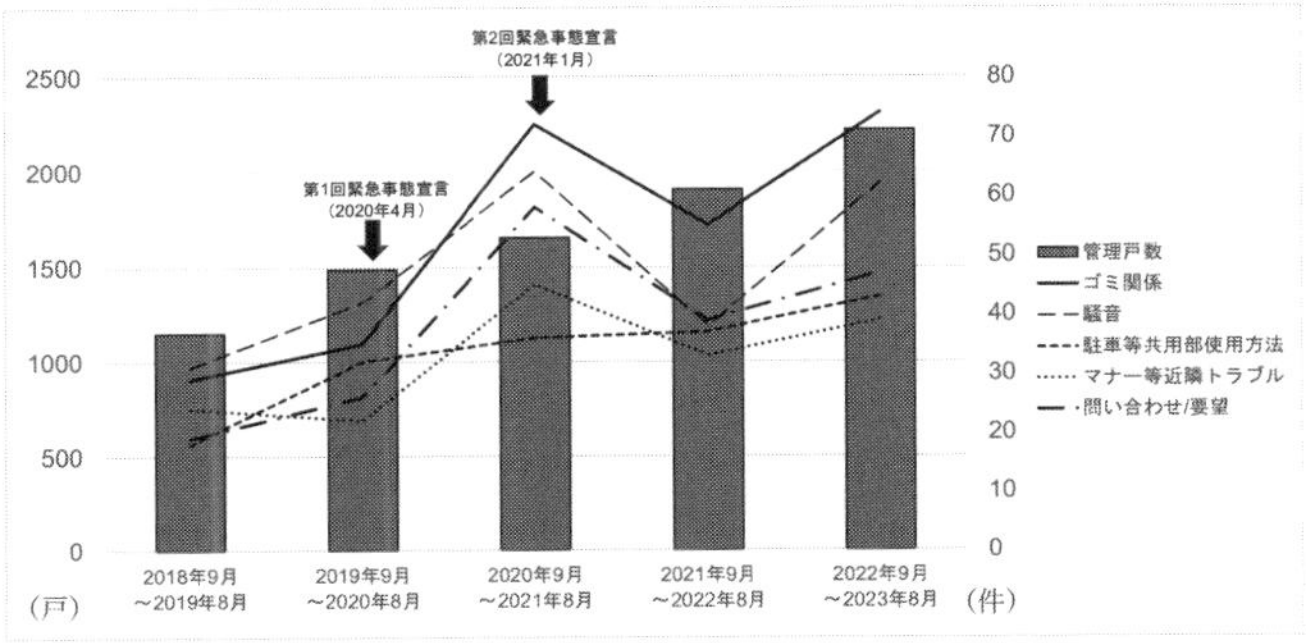

もう少し踏み込んでお伝えすると、リクエストは、不具合の修繕などの「設備系」と、住民トラブルなどの「ソフト系」に分けられます。前者の割合が常に70％代後半を占め、さらにそれらは、「蛇口から水が漏れている」「トイレが詰まった」「ガラスが割れた」など修繕を必要とするケースと、「温水器の使い方が分からない」「宅配ボックスが開かない」「ネットの通信速度が遅い」といった照会ないしは報告のケースに分類されます。

どちらのケースでも、必要とあれば巡回スタッフが対応したり、駆けつけサービスをご利用いただいたりするなどの素早い対応が欠かせません。

また、近年は「防犯カメラをつけてほしい」「ウォシュレットに換えてほしい」など、グレードアップを希望するリクエストも増えています。特に、大規模なリノベーションを実施したケースでは、設備に新築マンションと同様のクオリティを求める方が多い傾向があると感じています。

これら「設備系リクエスト」の中で、実際に修繕工事を手配する必要があるケースは、概ね50％前後で推移しています（図8）。

図8　設備系リクエスト種類別割合

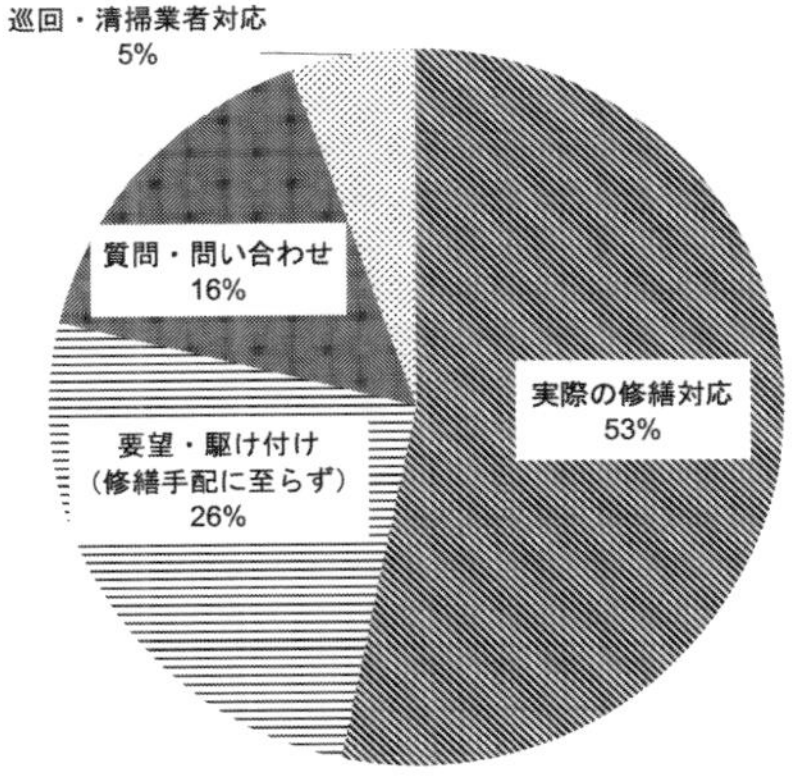

集計期間：2022年9月～2023年8月
設備系リクエスト総数：1477件
当社管理戸数：2221戸（2023年8月時点）

図9　ソフト系リクエスト種類別割合

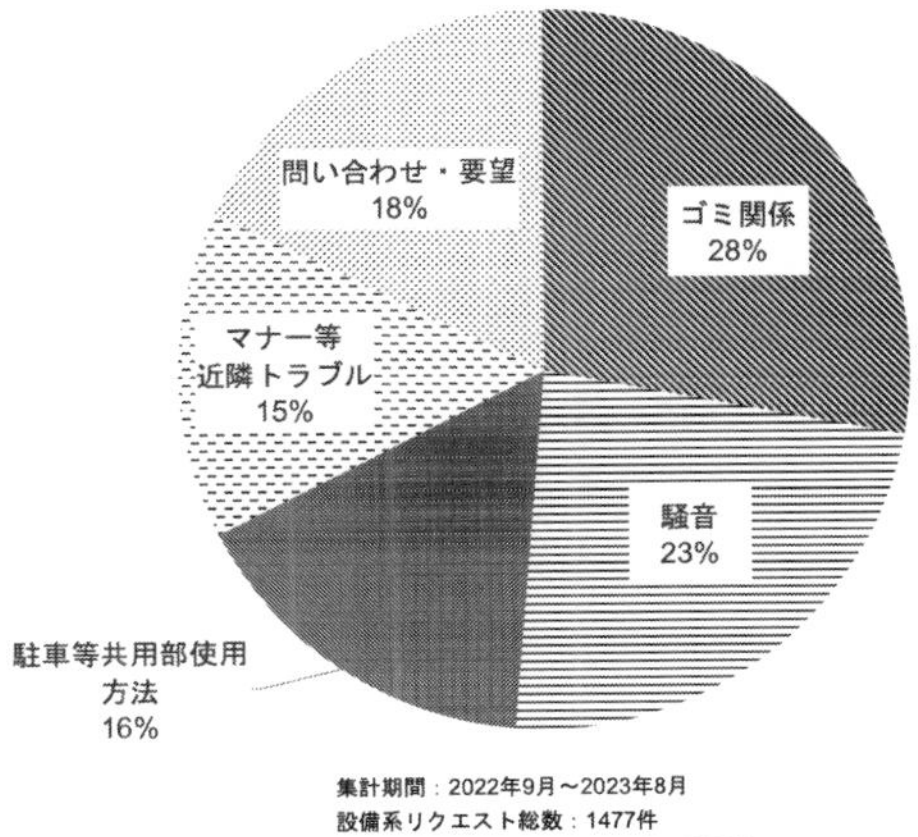

集計期間：2022年9月～2023年8月
設備系リクエスト総数：1477件
当社管理戸数：2221戸（2023年8月時点）

私たちは、「オーナーの皆さまにはあくまでも本業に集中していただき、物件の管理は弊社が一切を引き受ける」。それを1つの理想形と捉えています。そのために、今後とも直接的に対処できる領域を広げていきたいと考えています。

「ソフト系リクエスト」は新型コロナウイルスによる緊急事態宣言が出た2020〜2021年にかけて大幅に増加しました（図7）。

その後は落ち着いてきたものの、コロナ禍以前に比べると高い水準で推移しています。

多くの人が自宅で過ごすようになったことで、これまで気にならなかった上階の足音や隣室の話し声、共用部の利用マナーなどの問題が目に付くようになったのだと思います。この種のトラブルは対処が難しく、どの管理会社も難儀しています。程度がひどく、警察への連絡を検討するにしても、民事不介入が基本であり、深く入り込んでの解決はあまり期待できません。

こうした点でも私たちは取り組みを進めており、難しいトラブルにも、逃げることなく向き合う姿勢を大切にしていきたいと考えています。

日々のリクエストに真摯に向き合っていくということは、そこで暮らす人々のみならず、同じ地域で暮らす人々に対しても責任を果たすことなのではないか。

私はそのように理解しています。

オーナーの皆さま、入居者の皆さま、地域に暮らす方々、そして物件を管理する私たち。全員が同じ方向を目指し、深い共感でつながってこそ、不動産投資における新たな価値を共創できるのではないでしょうか。

4 価値のある建物とは

バブル期のマンションはなぜ高品質なのか?

本章では、バブル期に建てられたマンションは総じて品質が良いということを繰り返しお伝えしてきました。最後に改めて、その理由を整理したいと思います。

まず、バブル期の建物は基本的に、対賃料収入という観点での費用対効果を考えて建てられてはいません。

言い換えれば、そこで生活する人が必要とする以上に贅を尽くしている、という側面が色濃く存在しているわけです。

そのような時代背景の中で、なぜ多くの人がこぞってマンションを建てたかというと、「土地は値上がりする」という「土地神話」が機能していたからです。購入時の値段がどれだけ高くても、後で転売するときには時の経過とともに値上がり益が出る。だからこそ、地上げのような問題も含めて、多額の金銭が土地に注ぎ込まれたわけです。

賃料というリターンを狙う必要はなく、転売時に高く売れるよう、つくりをできるだけゴージャスにすることがプライオリティでした。

これは分譲マンションだけでなく、賃貸マンションの場合も同様です。

賃貸でも分譲マンションの仕様と同等レベル、ないしはそれ以上のつくりであることが当たり前。スーパーゼネコンが手がけるのも当たり前。さらには外壁全体のタイル貼り、共有エントランスの石張り、システムキッチンの天板を人造大理石にするなど、実用性や賃料には直接影響しない部分にまで多額のコストがかけられました。

実際、分譲マンションが一棟で買われて、賃貸マンションとしてマーケットに出てくるケースもありました。

2つ目の理由として、建築資材のコストが現在の半分ほどで済んだため、良い資材をどんどん活用できたという点が挙げられます。こうした事情に加えて、当時は建設人口も豊富だったため、今ではまったく考えられないことですが、スーパーゼネコンが請負金額5億円以下の建築を受注するほど競争は過熱していました。

このような物件が盛んに造られたのは、1989年から1991年にかけてです。平成5年を過ぎるとバブルが崩壊するので、ゴージャスな物件の数は一気に減り、それ以降は同様の条件下でマンションが建てられる時代は訪れていません。

同じような物件が「これ以上はもう建たない」という意味で、バブル期のマンションは「希少価値がある」という見方ができるかもしれません。

とはいえ、当時は「建てれば売れる時代」でもありました。

多くの物件がハイスピードで建てられ、今のように安全に対する意識も十分ではなく、すべての物件が丁寧に扱われたわけではないことも事実として認識しておくべきです。

しかし、一流のゼネコンはそんなバブルの最中であっても、品質管理を強化し、現在の観点から眺めても、本当に良いものを造っていました。

気候や天候の激しい変化の中で、大きなダメージを受けるような計画や施工となっていないか、20年、30年先に大規模な修繕や設備の交換を考えたときに、スムーズでリーズナブルな工事が可能になるような配慮がされているか、など、見てくれのゴージャスさに惑わされない真のプロの姿勢は30年以上を経た今だからこそ、私たちにも分かるものがあります。

施工不良の建物の場合、数年のうちに不具合が表面化してきます。ダメなものは、あっという間に分かりますが、良いものが本当にいいと分かるのは、時間がかかります。

現在でも部屋が埋まり、入居者が快適に暮らしているのであれば、それはもともとの品質の良さの証しでもあります。適切な管理と修繕は欠かせない条件ですが、今も存続していること自体が「良いマンション」である最大の証しなのです。

このように、バブル期のRC造マンションが高品質である理由をご理解いただければ、リノベーションをして使い続けることの意義もお分かりいただけると思います。

バブル期の社員寮や社宅が再生される理由

ここではまず、バブル期のRC造マンションとして現存する多くの物件の中でも、特にクオリティの高い物件の例から見ていくことにします。

その物件とは、当時盛んに建てられた大企業の独身寮や社宅です。

今では手放してしまった企業も多くありますが、周辺の物件と比較しても価値を誇っています。

当時、多くの独身寮や社宅が建てられたのは、次の4つの背景によるものでした。

1つ目は、土地は必ず高騰するという「土地神話」が信じられていた時代であったため、多くの大企業がこぞって物件を購入し、福利厚生施設として社員寮や社宅に充てた点です。

現在ではすっかり主流となった「持たざる経営」ですが、バブル期とはまさに「持つべき経営」の時代でした。

2つ目としては、土地を担保にいくらでも資金調達ができる時代だった、ということが挙げられます。都銀13行、信託7行が熾烈な貸し出し競争を繰り広げていたこともあり、当時の『日経ビジネス』において、建設・不動産業界ランキングは「借入金の大きさ」が指標となっていました。「時価総額」をランキングの指標としている今では想像することも難しいと言えますが、当時の不動産業界のKSF（重要成功要因）は、「借金する力」だったのです。

3つ目の理由はシンプルに、前項でお伝えした建築コストが廉価だった点です。よって詳細は割愛させていただきます。

最後の理由として、独身寮や社宅という存在が重宝されたという事実が挙げられます。当時は今以上の「超」売り手市場だったため、特に大企業は優秀な学生を確保するためにあの手この手の方法を駆使していました。私自身がまさにバブル期に入社した世代であり、多くの企業が接待まがいの飲食、ゴルフ、海外旅行、車、高級スーツ代など、さまざまなオプションを学生に提供していたことを記憶しています。

福利厚生を充実させることも新入社員獲得に向けた戦略の1つであり、なかでも社宅は大きなメリットとされていました。当時は終身雇用が前提だったため、多くの若者たちが同じ場所に住み、会社での人間関係を重視していたためだと言えます。

バブルの崩壊により状況は一変した

しかし、バブルが崩壊し、多くの企業が本業に必要のないもの、収益を生まないもの、含み損が生じそうなものを手放すことで財務状況の改善を試みました。

そのときに手放されたものの1つが、独身寮や社宅だったのです。

含み損を抱えたまましばらく保有し続けてきた企業もありましたが、終身雇用の時代が終焉を迎え、「社員と会社は一蓮托生」という考え方がもはや一般的ではなくなったことで、入居率が下がるという現実には打ち勝てなかったと見ることもできます。

あるいは、最近まで維持し続けてきたにもかかわらず、コロナ禍の影響で業績が下がり、手放さざるを得なくなったという企業もありました。

今ほど建築コストがかからなかったとはいえ、地価が高騰した都心に建てる場合には、土地代を含めると相当な投資金額になります。こうした事情から、社員寮や社宅が建てられたのは都心への通勤圏内にある東京郊外でした。

前述した4つの背景からも、これらが建造物としてかなりハイスペックであることはお察しいただけるかと思います。堅実な企業ほどエントランスなど目に見える部分のつくりは地味に抑えていますが、構造などのクオリティは確かです。

なかには、分譲用に建てられたマンションが、分譲前に1棟丸々企業に社宅用として売却されたというケースも少なくありませんでした。品質に関してお墨付きであるうえに、大企業が自社の「売り」である福利厚生施設として入念に管理してきたわけです。

建てた当時の時代背景、施主（デベロッパー）、施工者（ゼネコン）、購入者（大企業）、資金提供者（大手金融機関）、それぞれが抱えていた事情や思惑まで理解すれば、これらの物件のレベルの高さがおのずと浮かび上がってくるように思います。

独身寮や社宅としての使命は終えたとしても、賃貸マンションとして再生し、引き続きそのポテンシャルを活かしていく。

それはある意味、自然な考え方なのかもしれません。

私たちはこの10年、こうした独身寮や社宅を40棟ほど購入し、リノベーションにより賃貸マンションとして再生させる事業を手がけてきました。

社宅は、入居する社員に不公平感を抱かせないため、全住戸が同じ平米数、同じ間取り、同じ向きで造られているものもあります。それに対して、賃貸マンションでは、さまざまな間取りの部屋を造ったり、上階の住戸のみ仕様をグレードアップしたりして、ターゲットのバリエーションを広げる傾向があります。

賃貸マンションへと再生させるためには一定の工事が必要となりますが、建物の基本的なポテンシャルが高いため、同じエリアの他の賃貸マンションよりも高い家賃を設定することができます。それだけの価値ある物件に住むことは入居者の皆さまにも多くの幸せをもたらします。

このような例からも、冒頭で見てきたような「○年経っているから築古」という単純な考え方は明らかに非合理であって、建物の価値を見極めるためには、より本質的な理解が不可欠であることをご理解いただけるのではないでしょうか。

バブル期のマンションにはなぜ価値があるのか

本文の中でも、「バブル期のRCマンションは、現在では考えられないコストをかけて、構造からしっかりと造っているので100年はもつ」と繰り返しお伝えしています。

このコラムでは、そのエビデンスについてお伝えしたいと思います。

バブル期前後から現在までの建築コストの推移を確認できる指標として、次の図10と図11をご覧ください。

内容を見ていくにあたり、図10・図11共に統計上の課題があることに、最初に触れておけたらと思います。

図10については、物価上昇率等を加味していない名目金額であること。

そして図11は、「アウトプット型の建設物価指数」ではなく「投入コスト型の建設物価指数」となっているため、①利潤部分の変動が実額通りに織り込まれていない、そして②賃金、労働の質を考慮していないという2つの課題が存在します。

とはいえ、図10と図11の指標からおおよその価格の推移と傾向は確認することができ

図 10　建物の標準的な建築価格表 (単位：千円／㎡)

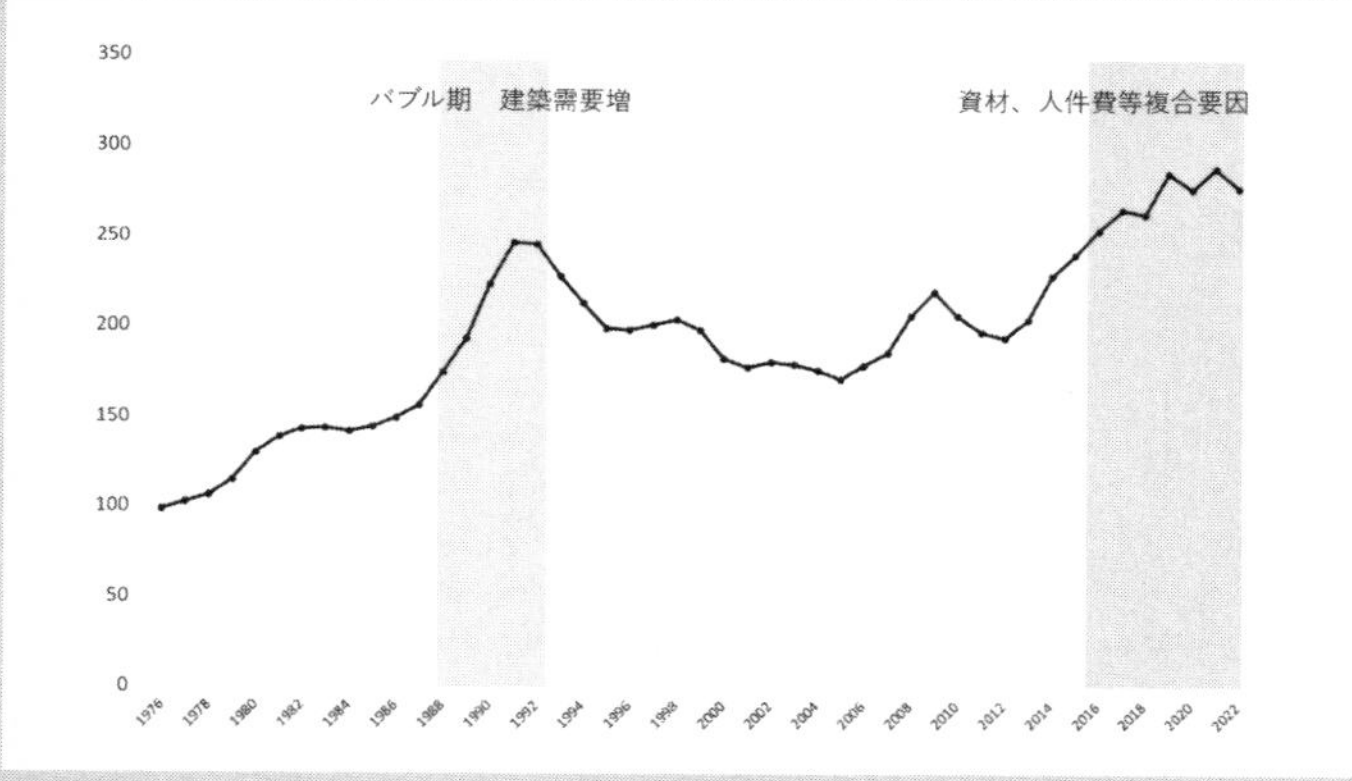

図 11　建設工事費デフレーター (2015 年度を 100)

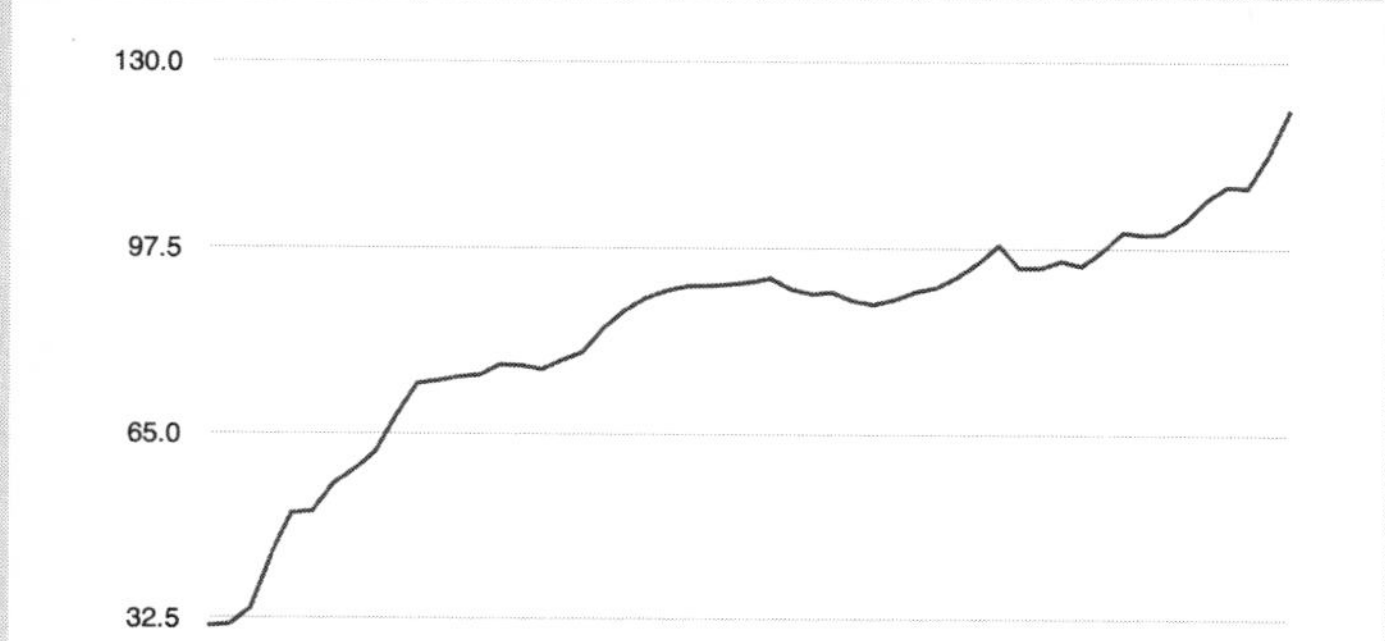

ます。

バブル期においては、建築需要の増加に伴って建築費が高騰し、バブルの崩壊とともに、落ち着きを見せています。

さらに言えば、ここ数年は再び上昇傾向にある点も読み取ることができます。

もちろん、建築コストをかけているから建物の品質やクオリティが高いとは、必ずしも言い切ることはできません。ただ、建築コストの上昇局面における1つの重要な特徴もご覧いただけたらと思います。

その特徴とは、「平均建築コストが上昇すると価格分布が広がる」というものです。

次ページのグラフを見ると、2005年以降、徐々にRC造住宅の建築単価の分布が広がり、直近では平米単価60万円以上の事例も見受けられます。

これらの特徴から、平成元年前後のバブル期に建築された物件には、2005年以降の価格上昇局面と類似した現象が起きていた可能性が高いと推測されます。

つまり、バブル期の建築コストの分布も大きかったと考えられるのです。

ただし、玉石混交ではあるものの、今よりも着工件数自体が大幅に多く、熟練の職人、

図12　住宅・RC造における平米単価の分布

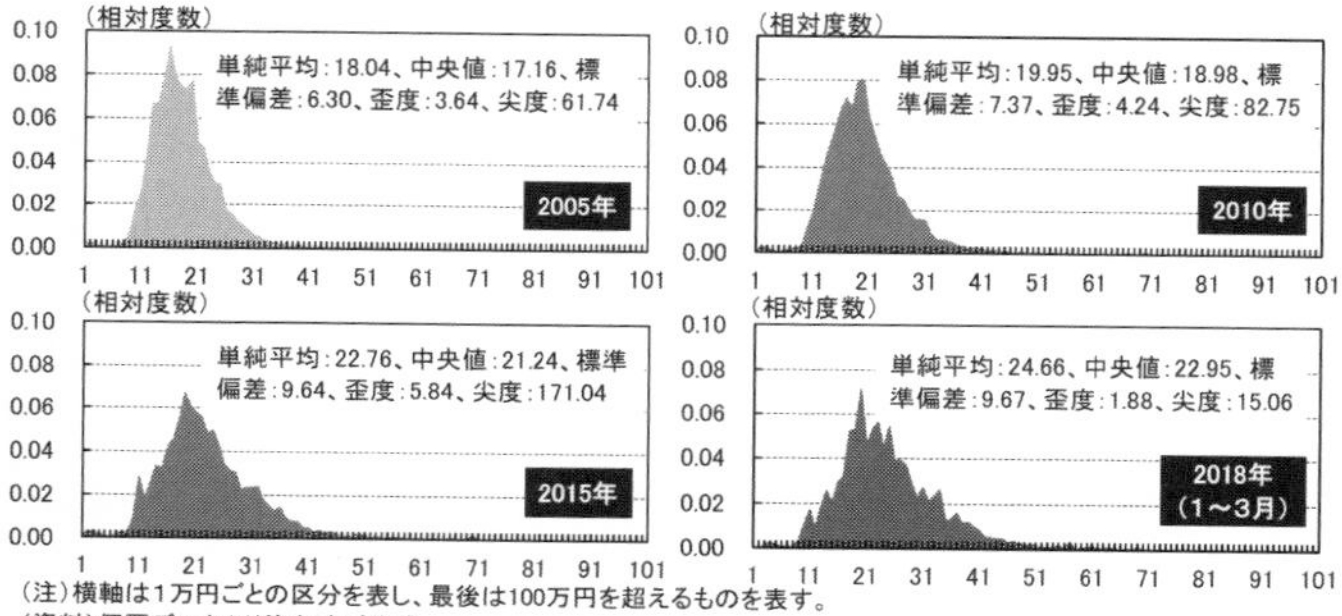

(注)横軸は1万円ごとの区分を表し、最後は100万円を超えるものを表す。
(資料)個票データより筆者達が作成

現場監督も多かったため、良質な建物の絶対数は多く存在していると考えられます。

日本に現存する最古の鉄筋コンクリート造のオフィスビルは、三井物産横浜ビルです。現在はKN日本大通ビルに名称が変わっていますが、今年で何と築112年を迎えます。きちんと修繕されているので、今でも現役のオフィスビルとして活躍しています。

建物の寿命についての研究をされている早稲田大学名誉教授・小松幸夫先生によれば、「鉄筋コンクリートの骨組みだけを考えれば、建物は100年を超えても活用できると考えて問題ない」とのことです。

無論、外壁等の劣化は進むため、概ね30年を経た時点での大規模修繕は必要です。

コンクリート自体はそもそもアルカリ性なのですが、二酸化炭素に触れることによって次第にアルカリ性が抜け、中性へと変化する「中性化」という現象が起きます。

このこと自体は問題ではありませんが、中性化したコンクリートにひび割れが起こると、そこから水や酸素が入って、中の鉄筋が錆びてしまいます。錆びた鉄が膨張することで、コンクリートが割れてしまうことが問題なのです。

このような事態を防ぐためにも、打ちっぱなしのコンクリートには気密性の高い塗料を塗布するなどの処理が必要です。

RC造の耐久年数を一概に言えないのは、こうした処理や大規模修繕の有無によって、耐用年数に大きな差が出てくるからです。だからこそ、維持管理をしっかり行うことで、100年もつ物件を100年、いやそれ以上に使い切る努力が必要なのだと考えます。

〈日本最古のRC造オフィスビル〉

向かいにある横浜地方・
簡易裁判所は
昭和5年（1930年）築

KN日本大通ビル
（旧三井物産横浜ビル）
明治44年（1911年）築
2023年11月撮影

第4章

お金の価値

1 資本主義における競争価値

品質競争か、価格競争か

第2章と第3章では、それぞれ土地や建物の価値について詳しく見てきました。

とはいえ、そこには必ず、「節税」「利回り」などといったお金の話がついていました。資本主義社会において、価値を表す指標にお金を用いるのは一般的な考え方です。無論、お金では表すことのできない価値も間違いなく存在しますが、それについては第1章で少し触れましたが、さらに第5章で詳しく言及したいと思います。

こうした前提の下、本章ではお金の価値とは何かという問題と向き合います。

不動産投資は「投資」ですから、お金とうまく付き合うことが成功への近道となります。

そのためには、お金の価値を正確に理解する必要があると考えています。

まず、投資を離れた一般論から見ていくことにしましょう。

言うまでもないことですが、資本主義社会において企業が発展するために必要な要件は、競合他社よりも「品質の高い」商品やサービスを提供すること、もしくは競合他社と同じ品質の商品やサービスを「より安く」提供することです。

それらの商品やサービスから収益が生まれるのは、お客様が他社との違い＝付加価値を認識してくれたときです。さらに言うと、こうした社会に提供する付加価値こそがまさに、その企業の存在価値を形成していくことになります。

とはいえ、マイケル・ポーターの競争戦略の理論に素直に従うならば、良い商品、良いサービスというものは、いずれは他社に追いつかれて一般化していきます。

だからこそ、最終的にはコストリーダーシップ、つまり、いかに原価を抑えて利益率を上げるのかという価格競争に集約されていくわけです。どこまでも品質で勝負したいと考えるならば、進化し続けることが絶対条件となります。進化によって一般化という波を乗り越えていく以外に方法はありません。これが資本主義における競争の原則です。

こうした理解を前提としたうえで、不動産投資を巡る競争環境が時代と共にどのように変わってきたのかを見ていくことにしましょう。

「土地神話」を信じたバブル期

不動産投資を巡る歴史の話は前章でもお伝えしましたが、時代を追って確認した方が、さらに理解が進むと思いますので、あえて繰り返させていただきます。

まずはバブル期（１９９０年前後）の話題からです。

この時代における賃貸マンションの競争優位性は、いったいどこにあったのか。

一面的な見方にはなりますが、バブル期とは、金利が高過ぎるあまり、「借金をしてまで事業をするくらいなら、定期預金の方がよほどマシだ」とまで言われた時代です。

不動産について言えば、極端に利回りの低い時代でした。

それでも、賃貸マンションに投資する人は非常に多く、その理由は既に見てきた通り、土地だけは値上がりが続くという神話が信じられていたからです。

言い換えれば、賃料というリターンは誰も期待しておらず、後から高く売れるように、分譲マンションと同等レベルもしくはそれ以上の賃貸マンションを建てるということに重きが置かれていました。

建設人口が多く、建築費が安いことも相まって、よりゴージャスであること、いわゆる「バブリーであること」が当時の業界のＫＳＦ（重要成功要因）でした。

全面タイル張りの外壁、石張りの共有部エントランス、あるいは、天板に人造大理石を用いたシステムキッチン。さらには、追い焚き機能の付いたユニットバスなどが象徴的なキーワードであったと言えます。

二重サッシや床暖房など見た目に影響しない機能性が求められるようになるのは、もう少し後になってからのことです。

「出口」に苦しめられたファンドバブル期

その後、２０００年代に入って、ファンドバブル期が訪れます。

この言葉には馴染みがないとしても、ハゲタカファンドなどのネガティブな表現がメディアで頻繁に語られていた時期と言えば、当時の記憶が蘇る方も多いと思います。

ファンドバブル期には、バブル時代の負の教訓を活かそうということで、人々の関心は収益還元、つまり利回りへと傾きました。

その背景にあったのは、金利の大幅な低下です。

金融機関からは「金利ゼロ」に近い形で資金を調達できたので、それをいかに運用して利益を取るか、ということが考えられたわけです。

ここから、DCF法（=ディスカウントキャッシュフロー法）に注目が集まりました。

これは、賃貸収益（利回り）に売却差益（転売益）をプラスしたトータルの収益から、運営費やコストを引いた金額をベースに投資の是非を判断するという考え方です。

バブル期のような「土地神話」をベースにしていないことから、新たな評価方法とされ、この時代を象徴する投資の指標となりました。

さらに個人の投資判断に関しては、ファンドと呼ばれる機関投資家に任せることでリスクの最小化を図ろうという動きがあったことも指摘しておく必要があります。

バブル期の反省に立っていたにもかかわらず、ファンドバブルにも終焉が訪れます。

その理由は、「出口」の時期が固定されていた点に尽きると思っています。どんなに利回りが良く、賃貸収益が上がっていたとしても、最初から「5年間でこれだけ運用します。そして5年後にはこれだけ返します。だから、(市況がどうであれ）5年後には売却する必要があります」という出口の約束がファンド投資の特徴なのです。

相場環境の悪い時期に売却の必要が生じれば、当然ながら売却差損が大きくなります。まさにその通りに失敗案件が世の中に溢れました。

物件を持ち続けているかぎり、一時的に売却価値が下がったとしても、いずれ復活するまで辛抱強く待つという選択肢は残り続けます。賃貸収益も稼ぎ続けています。

しかし、出口が決まっていれば、どれだけ値が下がっていても、決まったタイミングで売却しなければなりません。

折あしく、出口のタイミングで相場環境は悪化していました。このファンドの構造の下で市場参加者が同時にスタートすれば、スタート時点は物件獲得競争で値が上がり、5年後の同タイミングで売却するので供給が増えて値下がりするのは、当然と言えば当然なのかもしれませんが。

これがファンドバブル崩壊のメカニズムです。株式投資同様、相場があるものに対して、売るタイミングを自分で選べないものは危ないということが、この時期に得た教訓だと私自身は考えています。

2 競争から共創へ

「長くもつ」ことに価値のある現在

前項で見てきた歴史についての理解をもとに、現在に視点を移します。

「ゼロ金利・長期ローン可能」などといった言葉が飛び交う、現在の投資用賃貸マンションの競争環境とは、いったいどのようなものなのでしょうか。

私見を述べるならば、いかに長期的な戦略を練ることができるかという点が、何より重要になってきていると感じます。

売ること自体はいつでもできるわけですから、わざわざタイミングの悪いときを選んで売る必要はありません。タイミングを意識せずに済むと言うこと、売っても売らなくてもどちらでもよいというスタンスでいられること。それが長期的視点に立つことのメリットであり、本質的な不動産投資に近づく道だと考えています。

たしかに今は不動産の値上がりが続いているので、短期的に転売しても結果的に利益が出る可能性はあるでしょう。

だからといって、それを目的とすることはお勧めしていません。

その理由は、今から振り返って後ろを向いたときに、たまたまこの数年間は値上がりのトレンドだった、というだけのことだからです。

今この瞬間の環境を判断基準として、安易に「2年で転売しよう」などと考えて物件を購入してしまうと、ファンドバブル期と同様の失敗が生じかねません。せっかく入居者からの家賃収入が支払い金利に比して大きな収益を生み出しているのですから、「今はたまたま上がっているタイミングなのだ」と腰を据えて、静観する方が圧倒的に望ましいと考えています。

売却して短期的な利益が出てそれで終わりならよいかもしれません。

しかし、売却益には税金もかかります。さらに、物件が値上がりしているということは社会全体がインフレ傾向にあるということであり、世の中にあるほとんどのものの値段が上昇しているわけです。税金を差し引いた後の金額を何か別のものに投資するとしても、より高いものに投資する結果が待っています。

短期的な転売益や目の前の節税だけを目的にするのは望ましくないと、ここまで何度もお伝えしてきましたが、こうした背景があったことをご理解いただければ幸いです。

念のため補足すると、絶対に2年後に売ってはいけないわけではありません。

問題なのは最初から出口を決めてしまうことです。諸々の状況を勘案し、購入して2年経過した時点での最適な判断として、売るという選択はもちろんあり得ます。

いつの時代も状況はめまぐるしく変化します。

2年後が売り時かもしれませんし、50年経ってやっと訪れるかもしれません。

大切なのは「今ここ」という状況を正確に判断することであり、物件を持ち続ける間はそれを継続することです。目先のことで一喜一憂せずに、余裕を持って構えておくこと。明日がどうなっているのかは誰にも予測できませんが、何が起きるにせよ、事前に出口が決まってさえいなければ、持ち続けるという選択は常に可能です。

先ほど、「賃貸収益も上がり続けている」と書きました。

余ほどのことがない限り、急に家賃がまったく入ってこなくなるという事態は生じません。売却するという判断は家賃収入をすべて捨てることを意味しています。これは非常に大きな判断のポイントです。

これまで私たちが物件をお届けしたオーナーの皆さまはこうした点を十分に理解されています。なかには冗談半分で「朽ち果てるまで持ち続けるつもりだよ」とおっしゃる方もおられます。安定した家賃収入があれば、その収益でいずれは借金もゼロになりますから、慌てる必要などどこにもないわけです。

すべてのプレーヤーによる「共創」を

ここまでの歴史をいったん整理しましょう。

「転売益」を求めたバブル期、「出口」があらかじめ決められていたファンドバブル期を経て、「持ち続けることで収益を上げる」という新たな価値観が生まれた現在。

1つの物件を持ち続けることによって、かつての時代と大きく変わったことの1つに、関わるプレーヤー同士の関係性が長期化するようになった点を挙げることができます。関係が長くなれば、お互いのさまざまな面に触れることができます。

これまでの時代は、資本主義という競争環境をいかに生き延びるか、そればかりに重きが置かれてきました。しかし、これからは、不動産投資についての考え方に共感し、同じ目的を共有し、社会に提供する価値を「共創」していく時代です。

一人のプレーヤーだけが利益を得るのではなく、関係するすべての人々が分かち合う。そのためには全員が強い共感で結びつき、より大きな価値を創り上げる必要があります。オーナーである新富裕層の皆さま、融資する金融機関の方々、入居していただく皆さま、リノベーション工事を施工する業者の方々、日々の維持管理業務を担っていただく方々、そして私たち。ここには書き切れない関係者の方々も含めて、共創の持つ力を最大化し、そこから生まれる価値を分かち合い続けることが不可欠なのです。

共創という点に関して、さらにお伝えしたいことがあります。

それは、私たちから物件を購入していただき、管理をお任せいただいているオーナーの皆さまのコミュニティについてです。

内輪の話にはなりますが、私は常々、マーケティング担当のメンバーに対して、「これは物件を売るための組織ではない」と強調しています。

いかに次の物件を買ってもらうか。それだけを強調していると、新富裕層の皆さまにはすぐに見透かされてしまいます。コミュニティの中で「高い／安い」「この物件は良い／あの物件はダメ」などといった表層的な議論が飛び交う状況は、私たちだけでなくお客様にとっても、まったく好ましいものとは言えません。

このコミュニティの目的は、さらに強い共感の醸成です。

お客様1人ひとりが置かれている状況をできるだけ正確に把握し、ご自身やご家族の生活だけでは余りあるお金を使ってどのような生き方を表現したいのか。お子さんやお孫さんたちにどのような価値を遺し、つないでいきたいのか。

それらの観点について、深く議論を重ねていきます。

その中で、私たちがバブル期に建てられた「中古・郊外・RC一棟マンション」をお勧めする理由、さらには、本質的な不動産投資を通じてどのような社会貢献の未来図を描いているのかを共有します。

その先に強い共感による結びつきが生まれ、共創の土台が出来上がります。

単なる売り買いを目的とするコミュニティにはできないことだと自負しています。

「共創」があってこそ競争に意味がある

資本主義社会における競争の意味するところが、同業他社との利益比較における戦いであるとするならば、前述の通り、あらゆる商品やサービスは一般化＝陳腐化の方向へ押し流され、価格競争で勝者になるために、規模の経済の原則の中で大企業による寡占化へと向かいます。

この波を乗り越えるためには、継続的にイノベーションを生み出す必要があるわけですが、それが商品・サービスにおけるプロダクトアウト発想である限り、常に差別化を求められるプレーヤーは、競争の中で疲弊していく運命にあります。

だからこそ、競争のベースになるものは「共創」であるべきだと考えています。

不動産投資というフィールドにおける、私たちのビジネスモデルで言えば、入居者の方々の心がもっと豊かになるような、安心・安全・快適な住まい、暮らしを、いかに提供していくかを、新富裕層オーナーと共に追求していくという考え方です。

競争の前提が、同業のライバルとの戦いではなく、今、自分たちが提供できている商品やサービスの質との戦いであり、それを測る指標が入居者であるお客様の満足度である限り、疲弊することなく、あくなき挑戦に邁進していけるのだと思うのです。

その根底にある価値観が「共創」であり、その想いが崇高で、純粋であれば、自然と建物の維持・管理・修繕する工事業者さんや、清掃業者さんを巻き込み、彼らのやりがいや幸せを創り、近隣に住まう地域の人たちの幸せをも願う、豊かな社会創りにつながっていくと信じています。

3 「収益に応じた税金を支払う」ということ

減価償却の考え方

ここからは少し、話の角度を変えていきたいと思います。

お金の話を詳しくお伝えするのが本章の目的であるという点に鑑み、税金の話を中心に据えていきたいと思います。そのためにはまず、税という仕組みの根幹にある減価償却に焦点を当てる必要があります。ここまで言葉自体は何度も使ってきましたが、ぜひここで理解を深める、ないしは再確認していただきたいと思います。

税の仕組みは非常に複雑なため、不動産業者の中にも、その本質を理解していない人が少なくありません。だからこそ、節税一辺倒のような議論も生まれてくるわけです。皆さまがご自身の身を守るためにも、必要な議論であると考える次第です。

節税には大きく言って、2つのケースがあります。

1つ目は、税務上の損金が収益を上回った場合に、その超過損失部分を、他の所得から控除することができるといったケースです。不動産投資による損失を、それ以外の業務の所得によって穴埋めすることで、当該業務の所得が減少し、税金が減ります。

この場合の損金のほとんどが、減価償却によって発生しています（図13）。

正確に記載すると、「減価償却費」とは、減価償却資産（建物・附属設備）の取得に要した金額を、一定の方法によって、各年分の必要経費として配分する際に使用する勘定科目のことです。

そして、減価償却の基本的な考え方は、得られた収益に対応した支出のみを費用として

図13　減価償却の仕組み

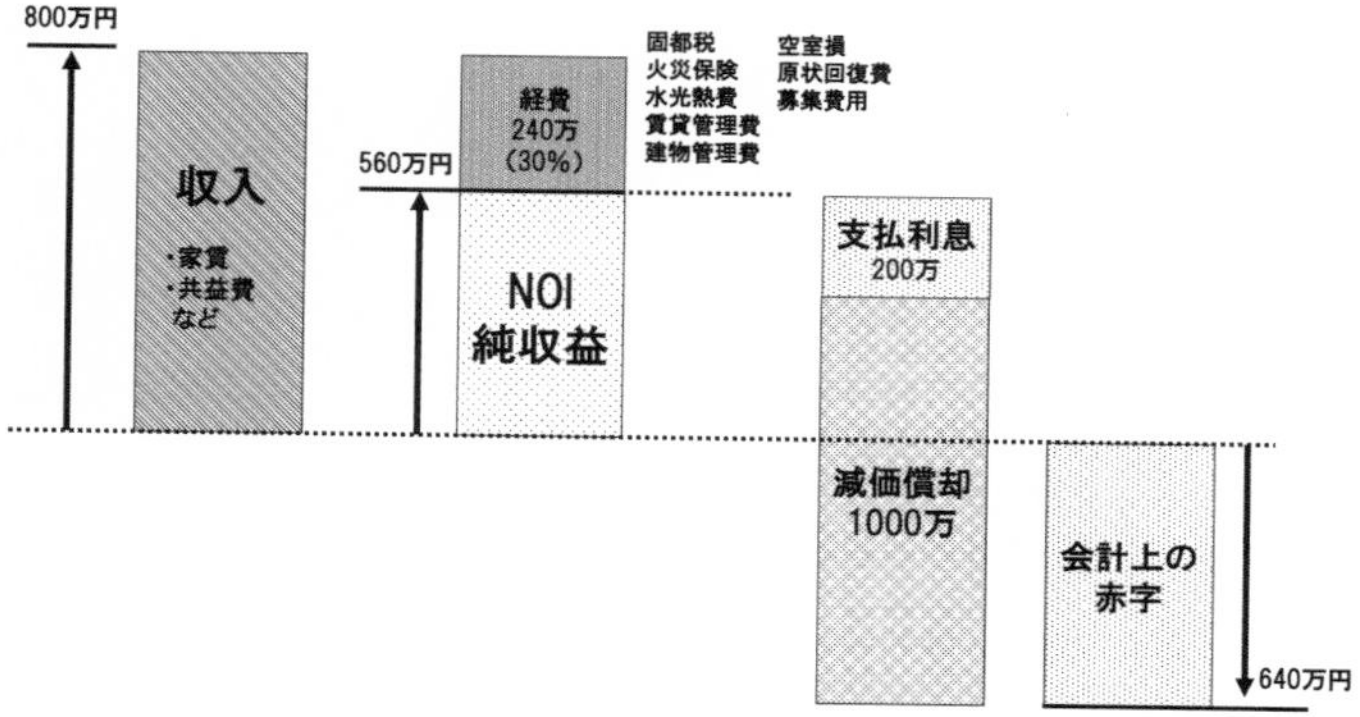

計上するという「費用収益対応の原則」に基づいています。

物件を購入した年に、一括して費用を計上してしまうと、実際にその建物から複数年にわたって得られる収益を正確に会計へと反映させることができません。毎年の家賃収入を、購入した年に、正確に一括計上するというは物理的にも困難と言えるでしょう。

そのため、物件の取得価格を、建物の使用可能期間（減価償却期間）によって配分し、費用として計上していくことになるわけです。

これは、「資産は少しずつ目減りする」という考え方を反映させたものと言えます。

具体的に言うと、物件の価値が10年後に

100万円下がると仮定した場合、10年後に一気に下がるのではなく、毎年10万円ずつ下がっていくという計算になります。

この毎年「10万円の低下分」が損金となり、所得から控除することができます。ある意味では当たり前と言っても差し支えない仕組みであり、結果として節税の効果は認められるとしても、それを目的とすることにはやはり、違和感を禁じ得ません。

何より、この仕組みが節税効果を発揮するのは物件の価値が右肩下がりの場合のみで、物件の価値が上昇している場合には、事情が大きく異なります。

先の例の続きで言うと、購入から10年を経過した時点で、物件の価値は当初想定した100万円の下落を回避できたとします。今が「売り時」と判断し、無事に購入価格と同額で売却することもできました。このとき、10年にわたって減価償却した100万円は利益として計上され、課税対象となります。

減価償却していくことで簿価（取得原価）が下がり、含み益のある資産を持つということは素晴らしいことではあるのですが、それは節税につながっているのではなく、経年による劣化に伴い、減価した建物の価値を補って余りある土地価格の上昇があった、ないしは減価償却ほどには価値が棄損しなかった結果だということです。

多くの人が節税に走るのは現在の税制によります。細かなロジックについては割愛しますが、高額所得者の場合は、5年間所有すれば所得税率の方が高額になるため、減価償却のメリットを享受できるというだけのことです。

それでも、こうしたロジックが機能するためにはいくつかの前提が必要です。

①現在の税制がそのまま継続していくこと
②給与所得が高いこと（年収1200万円が目安）
③個人名義であること（長期譲渡所得と所得税との税率の差額が節税となるため）
④購入時と売却時の価格が変わらないこと
⑤6年目または7年目で売却すること（デッドクロスの回避）
⑥償却効果がなくなったとき、または売却時において当該不動産収益以外の所得が今より低くなっていること

少なくとも、これら６つの前提が同時に成り立っている必要があります。

それは決して簡単なことではなく、例えば⑥などは、この時期に定年を迎えるように計画して所得を低くしたり、効果のある時期をピンポイントで狙って売却したりするなどの方法が考えられますが、不確定要素は少なからず残ります。

だからこそ、近視眼的かつギャンブルの要素も残る方法に心を奪われ、奔走するのは、本質を欠いた行いであり、割り切れない想いがどうしても付きまといます。

なお、①の税制の変更に関しては、ＣＯＬＵＭＮ４で詳しくご説明しています。

かつては「節税のチャンピオン」といわれたタワーマンションの評価方法も、ついに変更を余儀なくされました。そもそも税制というものは時代と共に変化するものであり、将来的にあてにするようなものではないと私は思っています。

社会貢献ゆえの免税

不動産投資による節税と言えば、減価償却がクローズアップされるわけですが、それ以外にも、というか、私としては資本主義社会における税金の意味として、より本質に近い減免制度がそもそも賃貸マンション経営には内包されていると考えています。

住宅の家賃が非課税のため貸主としてもこの収入（売上）から消費税を納める必要がないこと、住宅なので固定資産税が大きく免税されていること、そして相続財産としても貸家建付地としての大きな評価減があることなど、事業自体に免税が組み込まれています。

もちろん、これらの税制も不変であるとは言えませんが、社会的に必要な事業だから税金を納めるのと同様の効果がある、という考え方からの免税制度であると考えています。

4 価値のあるお金の使い方とは

共有↓共感↓共創のプロセスを大切にする

お金を巡る議論の最後は、お金の使い方の話で締めたいと思います。

端的に言ってしまうと、最も価値のあるお金の使い方とは「つなぐこと」です。

皆さまが形成した資産を後代へとつなぐこと、資産や物件などの物理的価値に加えて、皆さま自身の大切な想いをつなぐこと。現代ではすっかり語られなくなった言葉ですが、今日的な新たな家風として引き継がれるべきものなのかもしれません。

あるいは、皆さまと入居者の方々をつなぐこと。入居者と私たちがつながること。

そのためにお金を使うことが、何より大切だと考えています。

私たちは新富裕層の方に物件を購入いただいてから、最初の1年間は空室に対する家賃保証をしています。やはり、たまたまであっても購入後すぐに退去が続いて空室が生じ、予定していた収入が減ってしまえば、不安になるものです。入居者の方々を引っ越ししないようとどめておくことはできませんが、せめて予定収入が1年間は保証されることによって、少しでもご安心いただきたいと考えています。

ただ、実は、意図しているのはそれだけではありません。退去が発生した際、空室期間による家賃のロスに心をとらわれず、落ち着いて、次の募集開始に向けた方針のすり合わせをさせていただくための仕組みでもあるのです。

原状回復工事やリノベーション工事の内容、家賃や募集条件の設定など、空室が出た際に決めることは多々あります。さまざまな角度から検討を重ねたうえで意思決定していただいたとはいっても、購入後、最初の空室には気になることも多く、管理方針の立ち上がりの大事なタイミングとなります。しかし、考えるための時間が空室による家賃ロスとの戦いになってしまうと、もしかしたら、入居者の方々の快適で安心な暮らしがあってこそ成り立つ事業であるという観点が脅かされてしまうかもしれません。

そのようなことが起こらないように、私たちが家賃を保証する期間の中で、購入いただいた物件のリノベーションやマーケティングの方針を一緒に決めていきたいと思っています。見せかけの利回りを確保するためだったり、買っていただくための誘因サービスだったり、そのような意味で行っているわけではないことをご理解いただければ、不動産投資の本質に基づくサービスであるとご納得いただけるのではないかと考える次第です。

タワマン節税はどう変わる？

「タワマン節税」とは？

土地の相続税評価額が路線価で決まることは既にお伝えした通りです。マンションの場合はまず敷地全体の評価額を計算し、持分割合で割ることで、各居室の評価額を算出することができます。床面積がすべて同じ100戸のマンションであれば、土地面積の1／100を自分の持分として計算する、という理屈です。

当然ながら、タワーマンション（以下、タワマン）は、一般的なマンションに比べて、高さがある分だけ戸数が多くなります。必然的に持分の分母が大きくなり、居室当たりの評価額は小さくなります。

そもそも、建物の相続税評価額は推定時価の約60%です。

それを踏まえたうえで、低層階も高層階も、面積が同じであれば評価額は変わりません。日当たりや眺望のおかげで人気がある高層階は、低層階よりも時価が高いため、相続税評価との間に乖離が生じて節税効果が大きくなります。一般的なマンションの場合でも、1階と5階では節税効果に差が出るものですが、タワマンの1階と40階では、その差は極端に大きくなります。

一般的に、タワマンの上層階の相続税評価は時価の3割程度といわれています。つまり、1億円で購入した物件の相続税評価は3000万円にまで下がるのです。

こうした抜け穴ができてしまったのは、今の相続税評価額の評価方法が決められた当時、世の中にまだタワマンというものが存在しなかったからです。

この差額に注目して、自己資金と借入金を組み合わせてタワマンを購入し、相続財産の評価額を大幅に圧縮するというスキームが一部の資産家によって頻繁に使われています。そのことが、税の公平性という観点からたびたび問題視されてきました。

そして、2022年4月19日、最高裁判決によりタワマンを利用した節税スキームが否定された件が話題になったことを、記憶している方もいらっしゃることでしょう。

タワマン節税はどう変わるのか？

こうした抜け穴を改善するために、タワマンの新たな相続税評価方法が2024年1月1日以後の相続から適用されることになりました。

例えば、タワマンの上層階を3000万円の資産として相続しておきながら、すぐに1億円で売却した場合は、行き過ぎた節税として追徴課税されることになります。

新たな評価方法は、これまで相続税評価額と時価の乖離の原因となっていた「築年数」、「総階数」「所在階」「敷地持分狭小度」という4つに基づき補正されることになります。

具体的な計算方法は以下の通りです。

現行の相続税評価額×当該マンション1室の評価乖離率（＊1）×最低評価水準0・6（定数）

＊1　評価乖離率

築年数×▲0・033＋総階数指数（＊2）×0・239＋所在階×0・018＋敷地持分狭小度（＊3）×▲1・195＋3・220

＊2　総階数指数＝総階数÷33（1・0を超える場合は1・0）
＊3　敷地持分狭小度＝当該マンション一室に関わる敷地利用権の面積÷当該マンション一室に関わる専有面積

タワマン以外で節税スキームが否認された事例

以前にも、路線価による節税スキームが否定されたケースがいくつかありました。

その事例を3件ご紹介したいと思います。

●事例1（平成5年10月28日判決）
入院中の被相続人の代理として法定相続人がマンションを約7億5000万円で購入。

その後、購入業者に月額約166万円で賃貸（利回2・6％相当）していた。

金融機関からは8億円（利率7・2％、月額利息約480万円）の融資を受ける。

被相続人が死去した後に、相続人らは相続税を申告（マンション約1億3000万円、借入金8億円）。その直後にマンションを約7億7000万円で売却した。これに国税庁は、財産評価基本通達による申告に総則6項で対抗。訴訟へと至ったもの。

判決の内容は以下の通り。

①購入翌年に購入価格を上回る金額で売却していること

②売却代金により借入金額を全額返済し、不動産が一種の商品の形になっていること

③月額の利息約480万円の半額以下の約166万円で賃貸することには経済合理性が認められないこと。

以上の理由から、相続人による申告の内容は認められないと判断された。

●事例2（平成23年7月1日判決）

これも入院中の被相続人の代理として相続人がマンションの売買契約を締結。相続人を代理人とする委任状は存在。代金の支払いも被相続人に口座から行われている（購入額は2億9300万円）。その3週間後、被相続人は死亡。相続人は当該マンションを相続財産として財産評価基本通達に則り申告を実施。

申告の約10ヵ月後、相続人は当該マンションを2億8500万円で売却。これに対し

国税庁は、相続財産はマンションではなく現金であるとして、更正処分および重加算税の賦課決定処分を実施。訴訟へと至った。

判決の概要は次の通り。

①被相続人は意思無能力者であり、相続人に委任をした事実が認められない。よって売買契約は無効。

②しかし、相続人は1人だけであり、無権代理行為の追認資格を相続し追認するため、被相続人が自ら売買契約をしたのと同様の地位を生じることとなる。したがって、国税庁の現金相続という主張は誤り。

③他方、相続人はマンションの購入額と評価額の差を認識しながら租税回避のために被相続人の名義を無断で使用しており、評価基本通達に拠らないことが正当として是認される特別の事情にあたる。

④ただし、相続税の申告において、相続人の納付すべき税額が過少となったのは評価基本通達と実勢価格の開差であり、相続人の行為により直ちに生じたものではなく重加算税賦課決定処分は違法。

●事例3（令和2年11月12日判決）

被相続人が企業から不動産を購入（購入金額は15億円）。購入の1ヵ月前、被相続人はがんに罹患していることが判明していた。購入から1ヵ月後、被相続人は死亡。相続人は財産評価基本通達に即して、当該物件の評価額を4億7761万円として申告。

他方、国税庁は当該不動産の評価を一般財団法人・日本不動産研究所による鑑定評価額10億4000万円が相当であるとして更正処分し。訴訟へと至った。

①本件は通達評価額と鑑定評価額で2倍以上、また、2ヵ月前の購入価格とはさらに著しい乖離が生じており、通達評価額によって時価を算定することが適切ではないことをうかがわせるものである。

②鑑定評価額の誤りという指摘について、直ちに開発法を適用しなければならないと認めることはできないこと、また、取引事例比較法において採用する取引事例は、不動産鑑定士が専門的な知見をもとに行うものであること、さらには、原価法による積算価格についても、修正割合に不合理な点はない。

③被相続人は、金融機関の担当者らに相続税対策について相談を重ね、当該不動産の

購入等による相続税の圧縮効果等を検討していたところ、肺がんに罹患したことが判明した。そこで本件不動産の購入を急ぎ、その翌月に購入したものと認められる。相続税の圧縮効果を期待して購入を行ったものであると判断でき、最終的には通達評価額と鑑定評価額との乖離の程度も極めて大きく、相続税の額にも大きな乖離が生じている。被相続人がこのような評価額の差異によって相続税額の低減が生じることを認識し、これを期待して当該不動産を取得したことに照らせば、本件は評価通達の定める評価方法によって財産を評価することによって、かえって租税負担の実質的な公平を著しく害することが明らかである。

以上の理由から、国税庁の主張を全面的に認めるに至った。

興味のある方は、判決の内容に詳しく目を通していただけると幸いです。

結論自体にも相続や不動産の本質とは何かを考える点は多々ありますが、その人の生きざまが反映している点が、私にはさらに興味深く感じられました。

第5章

人生の価値

賃貸用不動産を所有するという責任

ここまで、投資用不動産の本質的な価値の概要から始まり、それらを構成する三つの要素「土地」「建物」「お金」について、私が本質だと捉えていることをお伝えしてきました。そこには、単純に「投資」「リターン」「リスク」といった観点で、メリット・デメリットを判断するだけではなく、一棟マンションを所有することのリアリティを感じていただきたいという想いもあります。

賃貸用不動産に投資し、所有すると、多くの入居者の方の人生に深く関わっていくことになります。私たちがお勧めするバブル期の建物では、新築以来、30年以上そのマンションに住み、暮らしている方に出会うことが頻繁にあります。

住み始めてから、家族が増え、団らんの食卓を囲み、友人を招き、子どもの成長とともに、夫婦の寝室が子どもの個室に変わり、学校を卒業し、巣立っていく…。時には、設備の不具合や水漏れ、近所の工事の騒音などで、フラストレーションを感じる日もあったかもしれません。

そんなことも含めて、私たちが扱う賃貸用不動産は、入居者の人生のステージ（舞台）となっています。長期間暮らしを支え、家族の思い出のベースとなってきて、また、これから先も、入居者を見守り、支え続けていきます。

このリアリティを感じられてこそ、

・コロナ禍で、家賃の支払いが厳しくなってしまい、少しの間家賃を減額してほしい、という方

・日本で学びたい、働きたいと来日したものの、日本語も日本の文化も分からない中で、入居申し込みをされた外国籍の方

・70歳をこえて、健康だけれども、近しい親族はなく、まだまだ仕事をしていきたい、ということで、一人暮らしでの入居申し込みをされた高齢者の方

このような賃貸不動産オーナーとしての判断・意思決定を迫られる課題に、真摯に向き合えるのではないかと思っています。

もちろん、私たちは管理会社として、オーナーのジャッジのための材料となるリスクや事例、アドバイスをお伝えさせていただきますが、最終的にはオーナーの仕事観、人生観で判断いただくこととなります。

宝くじに当たった人が不幸になる？

さて、少し話がそれますが、宝くじの高額当選者が「当たらなければ良かった」という結果になってしまったという話を聞いたことがあるでしょうか。

一説には、高額当選者の98％がそのような結果になっているといわれています。また、ネットで検索しても、悲惨な事例は枚挙に暇がありません。

では、不幸ではなかった2％の人は、幸せになったのでしょうか？

答えは、「特に何も変わらなかった」です。

お金に惑わされない人こそお金を使いこなすことができる人です。たまたまラッキーで手に入った6億円に惑わされず、自分の大事にしている生き方の本筋を変えることなく、まっすぐに生きていく。そういう人が、この２％の人たちなのではないでしょうか。

新富裕層の方々は、社会に価値を生み出し、世の中を豊かにすることを実践、実現してきたからこそ、現在の地位を築き、現在の資産を手に入れてきました。まさに、お金そのものではなく、生み出すプロセスにこそ、意味や価値があると体感できている方々です。

私たちは、そういう人こそが、賃貸用不動産を持つべきだと考えています。

それが、私たちが、物件を買っていただくお客様として、新富裕層の方々を対象としている理由でもあります。

新富裕層としての社会的責任

私自身がとても憧れる生き方を表す言葉なので、前著でも触れていますが、「ノブレス・オブリージュ」という言葉があります。フランス語の「ノブレス（高貴であること／貴族）」と「オブリージュ（義務を負わせる）」とを組み合わせた言葉で「社会的地位の高い人々には、その地位に応じて果たすべき社会的責任と義務がある」という意味で用いられます。

高い知恵・能力・資力・想い・センスを持たれている新富裕層の皆さんが、それを活かして社会を良くし、さらには、そのリターンとして利益をも生み出す。それが、資本主義社会におけるノブレス・オブリージュの体現なのではないかと感じています。

公共財としての土地、ＳＤＧｓの観点からも１００年もたすべき建物、そして何よりもそこで暮らす多くの世帯の幸せ。それだけの大きな責任を担うことができる社会的リーダーである新富裕層。

その社会的リーダーに、不動産を引き継ぎ、維持・管理のサポートをさせていただくことに、私たちも使命感と誇りを持って取り組んでいます。

私たちのプライド・誇りは「管理力」

先日、あるお客様がマンションを1棟購入されました。

この方が賃貸マンションを所有するのは2棟目で、1棟目は他社から購入されています。

私たちの物件を購入いただく決め手になったのは、私たちの理念に共感していただき、中古・郊外・RC一棟マンションを購入して、管理をお任せいただいているオーナーの皆さまのコミュニティの存在でした。

次の世代へと不動産をつないでいくことで、社会に大きな価値を提供していくこと。その結果として、適正な収益が上がっていくこと。

そういった私たちの価値観に共感してくださる方が、同じく共感くださる方をご紹介してくださり、その輪が少しずつ大きくなってきている。それを体感させていただくたびに、誇らしさとともに、身が引き締まる想いになります。

私たちのコア・コンピタンスとは「ヒト・モノ・カネの管理力」です。

ヒト＝入居してくださる方々の安心・安全・快適を維持・向上させていくこと。

モノ＝ポテンシャルの高い建物の価値を最大限引き出し、長期間活用していくこと。

カネ＝不動産投資の価値を測る尺度としての「お金」を適正に分析し、最適な使い方を導き出すこと。

管理＝オーナーの皆さまと緊密に連携しながら、「誰のために、なぜ、どのように、どれだけのお金を使うことが現時点における最適解なのか」を、共に模索していくこと。

言うまでもなく、短期的な視点から、「いかに利益を増やすか」「いかに損をしないか」だけを提案することが私たちの役割だとは考えていません。

土地・建物・お金それぞれの観点から、不動産投資の価値、すなわち新富裕層オーナーの人生の豊かさを長期的に最大化させるための提案（ＰＬＡＮ）をし、責任を持って実行する（ＤＯ）ことが、私たちのプライド・誇りです。

だからこそ私は、社内のメンバーに対して、「私たちの考え方に共感してくださる方々に買っていただこう」と常に呼びかけています。自信を持って価値があると信じられる物件をお届けするには、根底に大きな共感があることが必要だと思っています。

「売れれば何でもよい」ではなく、ノブレス・オブリージュの観点も含めて、私たちのスタンスに共感いただける方々と確かなパートナーシップを築いていくことが、私たちのプライドの源泉です。

不動産に関わるすべての人に幸せを

共同体社会が豊かになるための本質は、役割分担と貢献だと考えています。

そして、所属する社会の中でより多くの貢献をした人は「生産性が高い」と評価され、リターン（お金）も増えていきます。

ただ、資本主義社会の中で、そのことだけが先行すると、格差社会につながっていくという見方があります。〝誰かの幸せ（リターンとして得たお金）〟は〝別の誰かの不幸せ（支払いとして奪われたお金）〟の上に成り立っているといったゼロサムゲームのような考え方です。

しかし、資本主義の本質がそのようにさびしい、さもしいもののはずがないと、私は考えています。

むしろ、誰かを幸せにした、その幸せの度合い（生み出した価値の大きさ）によって、リターン（得られる金額）は増えていくと考えることができるのではないでしょうか。

〝誰かの幸せ〟〝誰かの不幸せ〟と表現しましたが、この「誰か」とは商品やサービスを提供してお金を得る側と、お金を支払うことで商品やサービスを享受する側ということになります。これを、私とあなたと言うこともできますが、当然のことながら、両者の関係性は対等であり、この両者の間で行われているのは、等価交換です。

だとするならば、「いかに儲けるか」ばかりに光の当たる不動産投資に、「どれだけ価値あるものを提供できるか」の観点を与えるとどうでしょうか。「利回り」「キャッシュフロー」「出口」……これらの指標において高い数値を生み出す要素は、入居者の方々の幸せ、工事業者や清掃業者の皆さまの幸せ、近隣住民の皆さまの幸せになります。もっと言ってしまえば、提供の先にしか、高い利回りや、良いキャッシュフローは、存在しないはずなのです。

「不動産にかかわるすべての人に幸せを」

私たちプラン・ドゥが掲げるこの経営理念には、「誰かの幸せ」とは、私とあなたを統合した私たちすべての幸せだという想いが込められています。

新富裕層の皆さまに、私たちが大切にしている不動産投資の本質への価値観をお伝えし、より良い社会を実現していくための生き方を選択していただくことが、私たちの使命だと考えています。

最後までお読みいただき、誠にありがとうございました。

おわりに　謝辞

「不動産屋さんらしくないですね」

かつては、私自身に向けて言われることが、往々にしてありましたが、最近は、当社のメンバーと接点のあった方々から言っていただくことの方が多くなりました。

業界に対して明確に反発があったというわけではないですが、漠然と、ただ割と強い意識で「らしくないスタイル」を目指していましたので、言っていただくたびに、少し嬉しく、誇らしい気持ちになっていました。

本書を書き終えた今、改めて、自分は世間が抱く「富裕層向け投資用不動産の販売」のイメージを一新したいという気持ちが、こんなにも強いのだということに気づきました。

21年前、学生時代からの夢であった独立起業をしようとしたとき、家族を路頭に迷わせないような稼ぎを上げられるか？ということももちろん悩みの1つではありました。でも何よりも悩んだことは、本当に不動産の仕事に一生をかけることができるのか？ということでした。

自分自身でも天職とも思えるほどに、不動産の仕事にのめり込み、不動産会社で起業をしようと思い続けてきた一方で、不動産を所有しているがゆえに、悩み苦しみ、いさかいを起こし、親族間で裁判を起こして争う場面も嫌というほど見てきました。

その中で、起業前に、自分の中で、どうしても決着をつけなければならないと考えていた問いがありました。それは、

「土地とは誰のものか？」

現代の日本においては、お金を払って所有権を手に入れれば、法的規制はあるにせよ、自

分の好きなように使うことができる土地。

これが意味することは何なのか？

その所有権の取引に専門家として関わっていくことの意義は何なのか？

当時小学生だった3人の娘の将来をも左右しかねない決断に直面したとき、誇りを持って、人生を懸けるには、どうしても娘たちに胸を張れる答え、信念を持つことが必要だと考えました。

自分として、納得できる答えを見つけるまで、半年かかりました。

しかし、その答えが、本当に腑に落ちるものであったからこそ、今も当社の価値観の根幹を成すものとして、採用時には必ず伝え、共感してくれた人に入社してもらうようにしています。


本来誰のものでもない「土地」という天から与えられた資産に、所有権が与えられている現代社会では、

その時代において、最も世のため人のために活用できる人こそが、所有権を引き継いでいくべきである

この「時代のトップランナー」に土地を引き継ぎ、引き渡していくことは、不動産事業に携わる者の使命であり、社会的意義のある崇高な仕事である

この想いが貫かれた本書は、価値観を共有する当社メンバーの協力があったからこそ、完成させることができました。小林美樹さん、河合紘幸さん、山口海さん、泉佑子さんをはじめとする、株式会社プラン・ドゥのメンバーには心より感謝しています。

本当にありがとう。

そして、編集に当たっては、いつも的確なアドバイスを下さる、株式会社サンアストの佐治邦彦さん、構成から文章化までを指導していただいた株式会社アレルドの細谷知司さん、棚澤明子さんのおかげです。感謝に堪えません。

いつの日か、私たちの価値観、そして「不動産にかかわるすべての人に幸せを」という理念が、不動産業界のスタンダードになる日を目指して、プラン・ドゥメンバーと事業に

邁進していきます。

2024年2月　杉山　浩一

PLAN DO

経営理念

不動産にかかわる
すべての人に幸せを

私達が取り組む不動産案件には、売主様、買主様だけでなく、
入居者様、建物の工事、清掃をする人、近隣の人など、
とても多くの人がかかわっています。

私達は不動産のプロとして、常に自己成長に励み、
これらすべての人が幸せになる方法を選択していきます。

私達が真摯な姿勢でこれを貫いたとき、お客様の利益は最大となり、
会社、家庭、そして社会全体をも豊かにすることができます。

不動産にかかわるすべての人に幸せを、
という精神をもってプラン・ドゥの経営理念とします。